★★★ 全国职业院校财经专业核心教材

U0861915

主　　编　史寒君　孟云芳
主　　审　杭志荣　高　卉

KUAIJI JICHU XITIJI

会计基础习题集

蘭州大學出版社
LANZHOU UNIVERSITY PRESS

图书在版编目（C I P）数据

会计基础习题集 / 史寒君，孟云芳主编. -- 兰州 ：
兰州大学出版社，2018.9
ISBN 978-7-311-05455-7

Ⅰ. ①会… Ⅱ. ①史… ②孟… Ⅲ. ①会计学一中等
专业学校一习题集 Ⅳ. ①F230-44

中国版本图书馆CIP数据核字(2018)第208863号

策划编辑 濮丽霞
责任编辑 郝可伟
封面设计 陈 文

书 名 会计基础习题集
作 者 史寒君 孟云芳 主编
出版发行 兰州大学出版社 （地址:兰州市天水南路222号 730000）
电 话 0931-8912613(总编办公室) 0931-8617156(营销中心)
0931-8914298(读者服务部)
网 址 hhttp:/press.lzu.edu.cn
电子信箱 press@lzu.edu.cn
印 刷 北京虎彩文化传播有限公司
开 本 787 mm×1092 mm 1/16
印 张 5.75
字 数 127千
版 次 2018年9月第1版
印 次 2018年9月第1次印刷
书 号 ISBN 978-7-311-05455-7
定 价 18.00元

前言

随着互联网+时代的到来，信息化日益结合于各行各业之中，会计职业教育的环境也发生了深刻变化，职业教育的改革也由大力发展规模向提升内涵方向转变，与此同时，近年来为适应我国的经济发展和经济结构的转型，许多经济制度、法规也发生了一系列的变革，致使第一版《会计基础》教材的诸多内容与现行制度不相匹配。因此，我们继续本着"不需培训，就能直接上岗操作"的会计技能型人才培养目标，在修订《会计基础》教材的同时编写了这本《会计基础习题集》，本习题集在编写过程中充分考虑了职业院校会计专业学生的认知情况，具有以下特点：

1. 与教材配套成章，体系一致

本习题集在结构与体系安排上，依照配套教材《会计基础》的章节设计安排，浑然一体，以满足教师教学和学生对教材内容的理解吸收。

2. 内容实用、符合认知规律

结合职业院校学生的特点和实际需要，同时充分体现《会计基础》教材的重点、难点，使学生更好地消化和理解教材，符合教学规律和学生的认知规律，有利于学生掌握必备的会计专业基础知识。本书分单项选择、多项选择、判断题和业务实训题几个部分，对配套教材基础知识进行大量、全面的练习；同时，在全书最后附有两套模拟试卷，满足学生对期末考试的综合练习需求。

3. 强化技能，以练促学

习题集加大了与教材配套的会计实践性习题比重，学用结合，以练激发兴趣，强化学生的动手能力，实现会计理论知识与实践最佳结合。

本习题集可作为全国职业院校会计学生学习基础会计课程使用，也可以作为在职会计人员培训或自学者学习使用。

本习题集由包头财经信息职业学校史寒君、孟云芳任主编，辛爱萍做文字编写工作。其中，第一章到第六章，由孟云芳编写；第七章到第十一章，由史寒君编写。杭志荣、高卉审阅全部书稿，并提出许多指导性建设意见，在此表示深深的感谢。

尽管我们在职业会计教材建设中做出了不懈努力，但是因编者水平有限，因此难免存在着一些不足及不妥，恳请同行批评指正，提出宝贵意见。

编　者

2018年 7月

目录

第一章　会计概述

第一节　会计的概念

一、单项选择题

1.会计核算的主要计量单位是　（　　）

A.时间量度　B.实物量度　C.劳动量度　D.货币量度

2.会计的本质是　（　　）

A.算账记账　B.信息处理　C.经济管理活动　D.会计核算

3.会计核算的量度不包括　（　　）

A.货币　B.实物　C.劳动　D.时间

二、多项选择题

1.在会计核算中，记录经济业务变化使用的量度有　（　　）

A.时间量度　B.实物量度　C.劳动量度　D.货币量度

2.对库存商品进行计量时，既以金额计量，又以数量计量，采用的量度包括　（　　）

A.时间量度　B.实物量度　C.劳动量度　D.货币量度

三、判断题

1.会计的本质是一种经济管理活动。　（　　）

2.货币量度是会计核算使用的唯一计量尺度。　（　　）

3.会计的目标是向会计信息使用者及时准确地提供会计信息。　（　　）

4.会计可以核算和监督一个单位的全部经济活动。　（　　）

第二节　会计的职能

一、单项选择题

1.会计的基本职能是　（　　）

A.核算与监督　B.分析与考核　C.管理与决策　D.预测和控制

2.会计核算职能是监督职能的（　　），而会计监督职能是核算职能的质量保障。

A.基本职能　B.基础和前提　C.拓展职能　D.重要职能

二、多项选择题

1.把企业的经济业务活动反映出来，依次经过（　　）的过程。

A.确认　　B.计量　　C.报告　　D.记录

2.会计的职能是会计在经济管理活动中具有的功能，包括（　　）。

A.会计核算职能　　B.会计分析职能　　C.会计计量职能　　D.会计检查职能

三、判断题

1.会计核算与会计监督两项职能相互独立。（　　）

2.会计监督是对单位经济活动的全过程进行监督。（　　）

3.会计核算和会计监督两项职能相辅相成，辩证统一。（　　）

4.会计核算贯穿于企业经济活动的全过程。（　　）

第三节　会计对象

一、单项选择题

1.会计的对象是（　　）

A.经济活动　　B.管理活动　　C.资金运动　　D.业务活动

2.下列各项中不属于会计核算内容的是（　　）

A.收到款项300元　　B.召开董事会　　C.购买设备　　D.从银行借入款项

3.企业用货币资金购入材料等生产资料，货币资金状态转化为（　　）

A.生产资金　　B.储备资金　　C.成品资金　　D.货币资金

4.不列各项中属于会计核算内容的是（　　）

A.签订合同　　B.按合同销售商品11 000元

C.研究发展策略　　D.计划新建厂房

二、多项选择题

1.企业的资金运动表现为（　　）过程。

A.资金投入　　B.资金运用　　C.资金退出　　D.资金储备

2.下列各项中属于会计核算范围的有（　　）

A.公司董事会选拔董事会秘书

B.购买材料支付货款3 500元

C.企业出售废旧物资收到320元

D.生产车间领用钢材一批，价值50 000元

3.下列各项中属于资金投入的有（　　）

A.购买材料　　B.投资者投入资金　　C.生产产品　　D.向银行借入资金

三、判断题

1.会计的对象是企业所有的经济活动。（　　）

2.企业签订购货合同、购买机器设备都是经济活动，是会计对象。（　　）

3.企业资金周而复始不断地循环，即为资金周转。（　　）

第四节　会计核算的前提、基础和方法

一、单项选择题

1.界定了会计核算空间范围的前提是（　　）。

A.会计主体　B.持续经营　C.分计分期　D.货币计量

2.（　　）前提的存在，使得持续的经营活动有了本期与非本期之分。

A.会计主体　B.持续经营　C.分计分期　D.货币计量

3.货币计量前提建立在（　　）基础之上。

A.会计主体　B.币值稳定

C.人民币为记账本位币　D.通货膨胀

4.在我国会计核算应当以（　　）作为记账本位币。

A.人民币　B.人民币或任一种外币

C.美元　D.任何币种均可

5.企业会计核算的基础是（　　）。

A.权责发生制　B.收付实现制　C.会计基本前提　D.会计信息质量要求

二、多项选择题

1.会计核算的前提包括（　　）

A.会计主体　B.持续经营　C.会计分期　D.货币计量

2.会计分期包括（　　）

A.年度　B.季度　C.半年度　D.月度

3.会计核算基础包括（　　）

A.权责发生制　B.收付实现制　C.会计基本前提　D.会计信息质量要求

4.下列各项中属于会计核算方法的有（　　）

A.复式记账　B.登记会计账簿　C.财产清查　D.档案保管

5.会计方法一般包括（　　）

A.会计核算方法　B.会计分析方法　C.会计检查方法　D.登记账簿方法

三、判断题

1.在会计主体前提下，企业要对其本身的经济业务进行核算，同时也要对其所有者的活动进行核算。（　　）

2.持续经营假设意味着企业会永久存在，一直经营下去。（　　）

3.按照权责发生制的要求，凡在本期收到款项的即确认为本期的收入。（　　）

4.权责发生制是以权责关系的实际确立作为计入本期收入和费用的标准。（　　）

5.我国会计核算以人民币作为记账本位币，业务收支以外币为主的，可以选用某种外作为记账本位币。（　　）

第二章　会计要素

第一节　会计要素

一、单项选择题

1. 根据资产的定义，下列各项中不属于资产特征的是　（　）

A. 资产是企业拥有或控制的经济资源　B. 资产预期会给企业带来经济利益

C. 资产是由于过去的交易或事项形成的　D. 资产是在未来的交易或事项中形成的

2. 负债是指企业过去的交易或事项形成的　（　）

A. 过去义务　B. 现时义务　C. 未来义务　D. 潜在义务

3. 下列各项中应当作为流动负债核算的是　（　）

A. 应付债券　B. 长期借款　C. 长期应付款　D. 应付股利

4. 下列项目中，不属于收入的是　（　）

A. 商品销售收入　B. 劳务收入

C. 租金收入　D. 增值税销项税额

5. 会计要素“费用”的含义与分类中，费用是指　（　）

A. 营业成本和期间费用　B. 营业成本和营业外支出

C. 生产费用和期间费用　D. 期间费用和营业外支出

6. 所有者权益金额是下列哪项后的余额　（　）

A. 资产-负债　B. 收入-支出　C. 资产+收入　D. 利润-负债

7. 不列各项中，属于流动资产的是　（　）

A. 应付账款　B. 长期借款　C. 资本公积　D. 应收账款

8. 下列各项负债项目中，属于长期负债的是　（　）

A. 应付债券　B. 应付利润　C. 应付账款　D. 应付票据

9. 费用是指企业为销售商品、提供劳务等日常活动所发生的　（　）

A. 经济利益的总流出　B. 生产费用　C. 人力物力耗费　D. 经济损失

10. 利润是企业在一定会计期间的　（　）

A. 经营收入　B. 经营毛利　C. 经营成果　D. 经济效益

二、多项选择题

1. 下列各项中，不符合资产会计要素定义的有 （ ）

A. 不能收回的销售货款

B. 因自然灾害毁损报废的材料

C. 企业为生产新产品正在申请购买的设备

D. 为加工产品购入的设备

2. 下列各项中，关于资产的表述中正确的有 （ ）

A. 资产是指过去的交易或者事项形成的

B. 资产预期会给企业带来经济利益的流入

C. 资产的成本或者价值能够可靠计量

D. 资产是企业拥有或者控制的

3. 下列关于资产与负债联系与区别的表述，正确的有 （ ）

A. 企业的资产和负债都是在过去的交易或者事项中所形成的

B. 资产与负债的区别之一是资产会带来经济利益的流入而负债会导致经济利益的流出

C. 资产与负债的共同之处表现在“未来”交易或者事项中所形成的均不作为资产、负债的核算内容

D. 资产的分类是按流动性划分的而负债不是

4. 下列各项中，反映企业经营成果的会计要素有 （ ）

A. 资产　　B. 收入　　C. 费用　　D. 利润

5. 下列项目中属于所有者权益类的有 （ ）

A. 实收资本　　B. 应付福利费　　C. 资本公积　　D. 未分配利润

6. 下列项目中属于期间费用的有 （ ）

A. 管理费用　　B. 直接人工　　C. 财务费用　　D. 销售费用

7. 反映资金运动静态表现的会计要素是 （ ）

A. 资产　　B. 负债　　C. 所有者权益　　D. 收入

8. 企业在销售商品、提供劳务日常活动中所发生的应计入产品成本的费用有 （ ）

A. 期间费用　　B. 直接材料　　C. 直接人工　　D. 制造费用

三、判断题

1. 作为企业资产，必然是企业拥有其所有权的，会导致经济利益流入企业的经济资源。 （ ）

2. 负债与所有者权益可以统称为权益，两者性质不同，但是它们投入企业的资金都形成企业的资产。 （ ）

3. 根据收入的确认条件，企业的收入可以表现为企业资产的增加或者负债的减少。 （ ）

4. 当企业的某项固定资产一旦被淘汰不能带来经济利益的流入时，则该项固定资产不能继续作为资产进行核算。 （ ）

5.利润是企业收入减去费用后的净额。（　　）

6.在任意时点上企业所有的资产总额必然等于权益总额。（　　）

7.企业为生产商品或提供劳务等所发生的各项费用构成企业的生产成本，包括直接材料、直接人工及期间费用。（　　）

8.收入按其经营业务的主次，可以分为主营业务收入和其他业务收入，非日常活动产生的经济利益的流入就属于其他业务收入。（　　）

9.所有者权益是指投资者对企业全部资产的要求权，包括实收资本、资本公积、盈余公积和未分配利润四部分。（　　）

10.日常活动是指企业为完成其经营目标所从事的经营性活动以及与之相关的其他活动。（　　）

第二节　会计等式

一、单项选择题

1.用银行存款归还应付账款的经济业务属于（　　）

A.资产和负债同增　　B.资产减少负债增加

C.资产增加负债减少　　D.资产负债同减

2.以银行存款购买设备，这项经济业务的发生对会计等式的影响是（　　）

A.等式的两边一增一减　　B.某个会计要素内部的一增一减

C.等式的两边同时增加　　D.等式的两边同时减少

3.下列经济业务中，能够引起资产和负债同时增加的是（　　）

A.用银行存款购买原材料　　B.借入短期借款存入银行

C.用银行存款偿还前欠货款　　D.用银行存款购买设备

4.向银行取得短期借款偿还前欠B公司货款，这项业务导致的结果是（　　）

A.资产内部的有增有减　　B.负债内部的有增有减

C.资产负债的同时增加　　D.资产负债的同时减少

5.企业最基本的会计等式是（　　）

A.资产=负债+所有者权益　　B.收入-费用=利润

C.资产=负债+所有者权益+（收入-费用）

D.资产=负债+（所有者权益+利润）

二、多项选择题

1.经济业务的类型包括（　　）

A.引起资产与权益同时增加

B.引起资产与权益同时减少

C.引起资产内部项目有增有减、总额不变的业务

D.引起权益内部项目有增有减、总额不变的业务

2.权益所包括的内容有（　　）

A.投入资本　　B.负债　　C.盈余公积　　D.未分配利润

三、判断题

1.一项负债的增加，另一项负债等额减少，对资产和所有者权益没有影响。（　）

2.不论发生何种交易或事项，各会计要素无论怎样变动，都不会破坏会计恒等式之间的恒等关系。（　）

3.在会计恒等式“资产=负债+所有者权益”中，负债与所有者权益可以统称为权益，但是负债与所有者权益的性质不同。

4.权益是指所有者权益。（　）

5.根据“资产-负债=所有者权益”这一会计平衡公式，一项会计要素的变动，必然会引起另一项会计要素的等额变动。（　）

四、业务题

【目的】练习资金变化类型。

【资料】某企业发生交易、事项如下：

1.用银行存款购买材料。

2.用银行存款支付前欠A单位货款。

3.用盈余公积金转增资本。

4.向银行借入长期借款，存入银行了。

5.收到所有者投入的设备。

6.购入设备一台，款未付。

7.用银行存款归还长期借款

8.企业以固定资产向外单位投资。

9.用银行借款归还前欠甲单位货款。

10.经批准用银行存款归还投资者王芳的投资款。

11.经协商同意，将应归还乙单位的应付货款转为投入资本。

12.商业承兑汇票到期，本企业无力付款，转为“应付账款”。

13.年初，公司宣告分配投资者上一年的利润，准备以现金股利的方式发放。

【要求】分析上列各项交易、事项的类型，填入表2-1。

表2-1

类　型	经济业务序号
1.一项资产增加,另一项资产减少	
2一项负债增加,另一项负债减少	
3.一项所有者权益增加,另一项所有者权益减少	
4.一项资产增加,一项负债增加	
5.一项资产增加,一项所有者权益增加	
6.一项资产减少,一项负债减少	
7.一项资产减少,一项所有者权益减少	
8.一项负债减少,一项所有者权益增加	
9.一项负债增加,一项所有者权益减少	

第三章　会计科目和账户

第一节　会计科目

一、单项选择题

1.对会计要素的具体内容进行分类称为　(　　)

A.会计科目　B.会计原则　C.会计要素　D.会计方法

2.下列不属于资产类会计科目的是　(　　)

A.“应收账款”　B.“原材料”　C.“预付账款”　D.“预收账款”

3.下列属于非流动负债会计科目的是　(　　)

A.“应付职工薪酬”　B.“应交税费”　C.“应付账款”　D.“应付债券”

4.下列不属于反映留存收益会计科目的是　(　　)

A.“盈余公积”　B.“资本公积”　C.“本年利润”　D.“利润分配”

5.下列属于总分类科目的是　(　　)

A.“应交增值税”　B.“应交税费”　C.“应交消费税”　D.“应交所得税”

二、多项选择题

1.下列会计科目属于成本类的科目有　(　　)

A.“原材料”　B.“库存商品”　C.“制造费用”　D.“生产成本”

2.不列会计科目中，属于负债类科目的有　(　　)

A.“短期借款”　B.“预付账款”　C.“应付账款”　D.“应交税费”

3.下列会计科目中，属于所有者权益类科目的有　(　　)

A.“盈余公积”　B.“投资收益”　C.“本年利润”　D.“利润分配”

4.下列各项中，属于企业债权的有　(　　)

A.应收账款　B.应付账款　C.预收账款　D.预付账款

三、判断题

1.企业的明细分类科目必须按国家统一会计制度的规定开设。　(　　)

2.总分类科目和明细分类科目是各自独立、没有关联的。　(　　)

3.会计要素是对会计对象的基本分类，会计科目是对会计要素的具体内容进一步分类。　(　　)

4.总分类科目对明细分类科目有统驭和控制的作用。 (   )

5.“实收资本”“资本公积”“盈余公积”和“未分配利润”都是所有者权益类的科目。 (   )

6.总分类科目反映发生经济业务的总括情况。 (   )

四、业务题

(一)【目的】熟悉会计科目

【要求】请将左侧的会计科目与右侧其归属的会计要素类别画连接线。

1.库存现金	
2.固定资产	
3.短期借款	A.资产类
4.生产成本	
5.主营业务收入	B.负债类
6.制造费用	
7.应收账款	
8.应付职工薪酬	C.所有者权益类
9.盈余公积	
10.财务费用	
11.应付账款	D.成本类
12.预收账款	
13.未分配利润	E.损益类
14.营业外支出	
15.无形资产	

(二)【目的】熟悉会计科目的性质。

【要求】指出下列账户的性质

1.“累计折旧”(   )

2.“应付职工薪酬”(   )

3.“应收账款”(   )

4.“财务费用”(   )

5.“制造费用”(   )

6.“库存现金”(   )

7.“主营业务收入”(   )

8.“管理费用”(   )

9.“应交税金”(   )

10.“其他应收款”(   )

11.“所得税费用”(   )

12.“应付账款”(   )

13.“实收资本”（　　　　）

第二节　账户

一、单项选择题

1.把账户分为借贷两方，哪一方记增加金额，哪一方记减少金额，是根据　（　　）

A.采用什么记账形式所判定的

B.采用什么核算方法所决定的

C.账户所反映的经济内容即账户的性质所决定的

D.增加数记借方、减少数记贷方

2.企业期初资产总额为100万元，本期接受投资30万元，偿还负债10万元，收回欠款5万元。则期末的资产总额应为　（　　）

A.120万元　　B.110万元　　C.125万元　　D.130万元

3.某账户本期期初余额为5 000元，本期期末余额为7 000元，本期减少发生额为8 000元，则该账户本期增加发生额为　（　　）

A.4 000元　　B.10 000元　　C.6 000元　　D.12 000元

4.对于所有者权益类账户而言　（　　）

A.增加记借方　　B.增加记贷方　　C.减少记贷方　　D.期末无余额

5.资产类账户的期末余额一般在　（　　）

A.借方　　B.借方或贷方　　C.贷方　　D.借方和贷方

6.下列账户中，期末结转后无余额的账户是　（　　）

A.“实收资本”　　B.“应付账款”　　C.“固定资产”　　D.“管理费用”

7.下列符合负债类账户记账规则的是　（　　）

A.增加额记借方　　B.增加额记贷方　　C.减少额记贷方　　D.期末无余额

二、多项选择题

1.在下列项目中，属于会计账户金额要素的有　（　　）

A.本期借方发生额　　B.本期贷方发生额　　C.期初余额　　D.期末余额

2.不列项目中，增加用“贷”表示的会计要素为　（　　）

A.资产　　B.负债　　C.所有者权益　　D.收入

3.会计账户结构一般应包括的内容有　（　　）

A.账户名称　　B.日期、摘要

C.凭证编号　　D.增加、减少金额及余额

4.不列选项中，属于本期发生额的有　（　　）

A.期初余额　　B.本期增加金额　　C.本期减少金额　　D.期末余额

5.账户按其所提供信息的详细程度及其隶属关系不同分为　（　　）

A.资产类账户　　B.总分类账户

C.明细分类账户　　　　　　　　D.负债类账户

三、判断题

1.账户有一定的格式和结构，会计科目是账户的名称。（　　）

2.设置账户是会计核算的方法之一。（　　）

3.会计科目和账户二者反映的会计要素的具体内容不同。（　　）

4.会计科目是设置账户的依据，账户是依据会计科目开设的。（　　）

5.账户的基本空间结构包括两部分，一部分用来登记增加额，另一部分用来登记减少额。（　　）

第四章 借贷记账法

一、单项选择题

1.运用借贷记账法登记账户时，有关账户之间存在着 ( )

A.统驭关系　B.对应关系　C.从属关系　D.控制关系

2.“借”“贷”作为记账符号所表示的含义是 ( )

A.记账方向　B.借款和贷款人　C.债权和债务　D.平衡关系

3.如果全部账户的借方余额等于全部账户的贷方余额，那就说明账户记录 ( )

A.完全正确　B.不正确　C.不一定正确　D.错误

4.下列关于借贷记账法的试算平衡公式表述正确的是 ( )

A.每个账户借方发生额等于每个账户贷方发生额

B.所有账户借方期末余额合计等于所有账户贷方期末余额合计

C.所有资产类账户借方发生额合计等于所有权益类账户借方发生额合计

D.所有资产类账户借方发生额合计等于所有权益类账户贷方发生额合计

5.下列会计分录中属于简单会计分录的是 ( )

A.一借一贷的会计分录　B.一借多贷的会计分录

C.一贷多借的会计分录　D.多借多贷的会计分录

6.下列错误中，能够通过试算平衡查找的是 ( )

A.重记交易、事项　B.漏记交易、事项

C.会计分录中借贷方向颠倒　D.借贷金额不等

7.总分类科目和明细分类科目，是按照反映会计信息的（ ）程度进行的分类。

A.内容　B.用途　C.结构　D.详细

8.借贷记账法下的发生额平衡是由（ ）决定的。

A.“有借必有贷，借贷必相等”的记账规则　B.账户的结构

C.“资产=权益”的会计等式　D.平行登记要点

9.下列关于借贷记账法下“贷”的表述中，正确的是 ( )

A.收入的减少　B.负债的减少

C.资产的增加　D.费用的减少

10.对某项经济业务按照复式记账的要求，标明应借、应贷科目名称及其金额的记录称为 ( )

A.科目　B.对应关系　C.会计分录　D.对应科目

二、多项选择题

1.账户借方登记增加额的有 （ ）

A.资产 B.负债 C.成本 D.费用

2.经济业务发生后，编制的会计分录是要指明 （ ）

A.经济业务的性质 B.应记入的账户名称

C.应借或应贷的方向 D.应记入的金额

3.下列各项中属于负债的有 （ ）

A.应收账款 B.应付账款 C.预付账款 D.应交税费

4.根据借贷记账法的账户结构，账户贷方登记的内容有 （ ）

A.收入的增加 B.所有者权益的增加

C.资产的增加 D.负债的增加

5.下列选项中，属于借贷记账法下试算平衡方法的有 （ ）

A.发生额试算平衡方法 B.总额试算平衡方法

C.差额试算平衡方法 D.余额试算平衡方法

6.下列说法正确的有 （ ）

A.资产类账户增加记贷方，减少记借方

B.负债类账户增加记贷方，减少记借方

C.收入类账户增加记贷方，减少记借方

D.费用类账户增加记贷方，减少记借方

7.某企业以银行存款购入原材料，涉及的账户有 （ ）

A.“库存商品” B.“原材料” C.“银行存款” D.“应付账款”

8.对于大多数资产、成本类账户而言 （ ）

A.增加记借方 B.增加记贷方 C.减少记贷方 D.期末无余额

9.在借贷记账法下，当贷记“银行存款”时，下列会计科目中可能成为其对应科目有 （ ）

A.“管理费用” B.“库存现金” C.“应付账款” D.“本年利润”

三、判断题

1.会计分录三要素：借贷方向、会计科目、金额。 （ ）

2.试算平衡后的结果平衡了，说明账户记录是绝对正确的。 （ ）

3.复式记账法是指对于发生的每一项经济业务都要以相等的金额同时在相互联系的两个账户中进行登记的一种记账方法。 （ ）

4.在平行登记法下，对每一项经济业务既要记入有关的总分类账户，又要记入所属的明细分类账户。 （ ）

5.全部总分类账的月末借方余额合计数应当同月末贷方余额合计数核对相符。 （ ）

6.在借贷记账法中“贷”方表示收入的增加、费用的减少和负债的增加。 （ ）

7.在借贷记账法下，所有者权益类账户与收入类账户的结构完全相同。 （ ）

8.某企业银行存款期初借方余额为10万元，本期借方发生额为5万元，本期贷方发生额为3万元，则期末借方余额为12万元。（　　）

9.总分类账户与明细分类账户登记的原始依据和详细程度不同。（　　）

四、业务题

（一）【目的】熟悉借贷记账法下的账户结构

【要求】指明下列各账户的记账方向。

1.“银行存款”增加（　　）

2.“应收账款”减少（　　）

3.“实收资本”增加（　　）

4.“固定资产”减少（　　）

5.“原材料”增加（　　）

6.“生产成本”减少（　　）

7.“主营业务收入”增加（　　）

8.“管理费用”减少（　　）

9.“累计折旧”增加（　　）

10.“库存商品”减少（　　）

11.“应交税费”增加（　　）

12.“短期借款”减少（　　）

13.“财务费用”增加（　　）

14.“应付账款”减少（　　）

（二）【目的】熟悉借贷记账法及试算平衡

某企业本年10月初拥有资产总额300 000元，有关资料见表4-1。

表4-1　期初资产负债表

资产类账户	借方余额	权益类账户	贷方余额
库存现金	20 000	应付账款	40 000
银行存款	60 000	短期借款	50 000
应收账款	35 000	实收资本	150 000
原材料	35 000	资本公积	20 000
库存商品	50 000	盈余公积	40 000
固定资产	80 000		
无形资产	20 000		
合计	300 000		300 000

该企业10月份发生以下交易、事项：

（1）5日，收到某单位投资的一项非专利技术，价值50 000元。

（2）8日，收到丙单位归还的前欠货款20 000元，存入银行。

（3）12日，以银行存款归还短期借款30 000元。

（4）25日，购入某项设备，价值40 000元，银行存款支付。

（5）26日，将现金10 000元送存银行。

（6）28日，经批准将资本公积20 000元转增企业资本。

【要求】

1.根据10月份发生的交易、事项写出相关的会计分录。

2.根据资料1，登记表4-2中的“期初余额”栏。

3.根据所做会计分录直接登记试算平衡表（表4-2）中的“本期发生额”栏并结出余额，进行试算平衡。

表4-2　总分类账户本期发生额及余额试算平衡表

序号	账户名称	期初余额		本期发生额		期末余额	
		借方	贷方	借方	贷方	借方	贷方
1	库存现金						
2	银行存数						
3	应收账款						
4	原材料						
5	库存商品						
6	固定资产						
7	无形资产						
8	应付账款						
9	短期借款						
10	实收资本						
11	资本公积						
12	盈余公积						
	合计						

（三）**【目的】**熟悉借贷记账法

【资料】金方公司本年6月份发生如下交易、事项：

1. 2日收到联营单位投入的款项98 600元，存入银行。
2. 2日从银行取得三年期借款38000元。
3. 3日以现金300元支付厂部办公费。
4. 4日以银行存款2 000元支付前欠北苑厂货款。
5. 4日收到某单位的一项专利权投资，价值60 000元。
6. 5日从银行提现金245 000元。
7. 7日以现金支付本月应付的职工工资245 000元。
8. 8日采购员孟铁男预借差旅费4 000元，以现金支付。
9. 10日将现金1 000元送存银行。
10. 12日收到红卫工厂前欠货款30 000元，款项存入银行。

【要求】写出上述交易、事项的会计分录。

第五章　主要经济业务的核算

第一节　筹集资金过程的核算

一、单项选择题

1.企业收到投入资本，应记入（　　）账户的贷方。

A.“资本公积”　B.“盈余公积”　C.“实收资本”　D.“利润分配”

2.企业接受外商捐赠机器设备应记入的贷方账户是（　　）

A.“实收资本”　B.“资本公积”　C.“营业外收入”　D.“投资收益”

3.用于核算企业向银行或其他金融机构借入的期限在一年以上的各种借款的取得及偿还情况的账户是（　　）

A.“应付利息”　B.“财务费用”　C.“短期借款”　D.“长期借款”

二、多项选择题

1.企业进行生产经营所需要的资金主要来源于两个渠道，包括（　　）

A.所有者投入的资金　B.从债权人借入的资金

C.从企业职工工资中扣款　D.营业收入

2.企业接受投入资本的经济业务，可能涉及的账户有（　　）

A.“实收资本”　B.“银行存款”　C.“固定资产”　D.“投资收益”

3.进行借入资金核算的账户包括（　　）

A.“实收资本”　B.“资本公积”　C.“短期借款”　D.“长期借款”

三、判断题

1.企业接受外商投资设备，应借记资本公积。（　　）

2.“固定资产”账户属于资产类账户，用于核算企业的专利权、商标权、著作权、非专利技术等无形资产的增减变动情况。（　　）

3.企业收到某公司投入的设备，应按所占份额贷记“实收资本”。（　　）

四、业务题

【目的】熟悉企业筹资交易、事项的会计记录

【资料】玉龙公司某年12月份发生下列交易、事项：

1. 12月3日，收到国家投资150 000元，存入银行。

2. 12月9日，收到联营甲单位投入设备一台，价值65 000元，投入生产；专利权一项，价值200 000元。

3. 12月10日，从银行取得3个月期的借款100 000元，存入企业的银行存款户。

4. 12月22日，经批准，以资本公积转增注册资本200 000元。

5. 12月31日，以盈余公积50000元转增资本。

【要求】根据上述交易、事项编制相关会计分录。

第二节　材料采购过程的核算

一、单项选择题

1.（　　）账户用于核算企业采用实际成本进行材料日常核算，货款已付尚未到达或尚未验收入库材料的采购成本。

A.“材料采购”　B.“应付账款”　C.“原材料”　D.“在途物资”

2.为了反映库存材料的增减变化及其结存情况，应设置的账户是（　　）

A.“材料采购”　B.“原材料”　C.“存货”　D.“直接材料”

3.购入并验收入库的材料，应借记（　　）账户。

A.“材料采购”　B.“应付账款”　C.“原材料”　D.“在途物资”

4.（　　）账户用于核算企业因购买材料、商品或接受劳务等经营活动应支付给供应单位的款项。

A.“材料采购”　B.“应付账款”　C.“原材料”　D.“预付账款”

5.企业为购进材料，预付的款项应通过（　　）账户核算。

A.“预付账款”　B.“应收票据”　C.“应付账款”　D.“应收账款”

二、多项选择题

1.材料采购过程核算的主要内容包括（　　）

A.确认计算材料采购的成本　　　　B.与供货单位办理价款结算

C.材料验收入库等　　　　D.核算投入资本

2.购进商品时，借记“在途物资”账户，可能贷记（　）账户。

A.“银行存款”　　B.“库存现金”　　C.“应交税费”　　D.“应付账款”

3.为了核算企业应交增值税的发生、交纳、退税及转出等情况，应在“应交税费”账户下设置“应交增值税”明细账户。“应交税费—应交增值税”科目的细目包括　（　）

A.“进项税额”　　　　B.“销项税额”

C.“已交税金”　　　　D.“进项税额转出”

4.购入的材料验收入库，不考虑税金，下列会计分录正确的有　（　）

A.借：原材料
　贷：应付账款

B.借：在途物资
　贷：原材料

C.借：原材料
　贷：在途物资

D.借：在途物资
　贷：应付账款

三、判断题

1.材料采购成本应包括购买价、相关税费、运输费、装卸费、保险费以及其他可归属于存货采购成本的费用。　（　）

2.凡是在期末存放在本企业的各种材料，均属本企业的材料存货。　（　）

3.为了核算企业应交增值税的发生、缴纳、退税及转出等情况，应在“应交税费”账户下设置“应交增值税”明细账户。　（　）

4.小规模纳税人以及购入材料不能取得增值税专用发票的，发生的增值税计入应交税费。　（　）

5.因购买材料应付而未付某公司货款，应记入“应付账款”账户的贷方。　（　）

四、业务题

【目的】熟悉材料采购交易、事项的会计记录

【资料】金方公司为一般纳税企业，12月份发生下列材料采购交易、事项：

1.12月3日从志远工厂购进甲材料15 000千克，增值税专用发票所列单价5.00元，计买价75 000元、进项税额12 000元，志远工厂代垫运费1 500元，款项以银行存款支付，材料尚未运到。

2.12月6日，从志远工厂购进的甲材料已到，并验收入库。

3.12月8日，从华中工厂购进乙材料20吨，增值税专用发票所列单价为1 800元，计买价36 000元、进项税额5 760元，材料未入库，款未付。

4.12月15日，以银行存款偿还华中工厂乙材料款。

5.12月16日，从华中工厂购进的乙材料已运到，并验收入库。

6.12月20日，从新华工厂购进丙材料8 000千克，增值税专用发票所列单价7.00元，计买价56 000元、进项税额8 960元，供方代垫运费2 400元，原材料已入库，价款尚未支付。

7.12月28日，按合同约定，为购买丙材料以银行存款15 000元预付远航厂货款。

8.12月30日，28日预付远航厂货款购买的丙材料已运到，增值税专用发票上记载的价款为10 000元，增值税1 600元，余款退回存入银行。

【要求】根据上述交易、事项编制相关会计分录。

第三节　产品生产过程的核算

一、单项选择题

1.（　　）账户用于核算企业进行工业性生产发生的各项生产费用，计算产品的制造成本。

A.“生产成本”　　B.“制造费用”　　C.“管理费用”　　D.“库存商品”

2.（　　）账户用于核算企业生产车间（部门）为生产产品和提供劳务而发生的各项间接费用。

A.“生产成本”　　B.“制造费用”　　C.“管理费用”　　D.“库存商品”

3.“制造费用”账户属于（　　）

A.资产类账户　　B.损益类账户　　C.成本类账户　　D.负债类账户

4.下列账户中，不会出现期末贷方余额的账户有（　　）

A.“生产成本”　　B.“累计折旧”

C.“应付利息”　　D.“应付职工薪酬”

5.企业筹建期间发生的开办费应记入（　　）账户的借方。

A.“生产成本”　　B.“制造费用”　　C.“管理费用”　　D.“财务费用”

6.支付生产车间使用的水电费，应记入（　　）账户的借方。

A.“生产成本”　　B.“制造费用”　　C.“管理费用”　　D.“财务费用”

7.企业预提短期借款利息应记入 （　　）

A.“应收利息”账户　　B.“递延资产”账户

C.“应付利息”账户　　D.“应付账款”账户

8.提取生产车间使用的固定资产应计提折旧费记入（　　）账户的借方。

A.“生产成本”　　B.“制造费用”　　C.“管理费用”　　D.“累计折旧”

9.“累计折旧”账户属于 （　　）

A.资产类账户　　B.损益类账户　　C.所有者权益类账户　　D.负债类账户

10.“应付职工薪酬”账户属于 （　　）

A.资产类账户　　B.损益类账户　　C.所有者权益类账户　　D.负债类账户

11.结转本月制造费用时，下列会计分录正确的是 （　　）

A.借：生产成本
　　贷：制造费用

B.借：生产成本
　　贷：库存商品

C.借：制造费用
　　贷：生产成本

D.借：主营业务成本
　　贷：库存商品

12.企业预付下年度财产保险费，应记入 （　　）

A.“制造费用”账户　　B.“管理费用”账户

C.“预付账款”账户　　D.“财务费用”账户

二、多项选择题

1.产品生产过程核算的主要内容有 （　　）

A.材料采购成本的计算　　B.生产耗费的归集和分配

C.产品制造成本的计算与结转　　D.利润的形成与分配

2.“生产成本”账户的借方登记的是 （　　）

A.直接材料　　B.直接人工

C.制造费用　　D.已验收入库的产成品成本

3.下列费用中属于财务费用的有 （　　）

A.利息收支　　B.保险费

C.支付给银行及金融机构的手续费　　D.汇兑净损失

4.下列属于损益类账户的有 （　　）

A.“管理费用”　　B.“财务费用”　　C.“制造费用”　　D.“销售费用”

5.仓库发出材料时，可能借记的账户有 （　　）

A.“生产成本”　　B.“制造费用”　　C.“销售费用”　　D.“管理费用”

6.计提本月应负担的短期借款利息，可能涉及的账户有 （　　）

A.“销售费用”　　B.“财务费用”　　C.“管理费用”　　D.“应付利息”

7.企业计提固定资产折旧时，可能涉及的账户有 （　　）

A.“固定资产”　　B.“累计折旧”　　C.“管理费用”　　D.“制造费用”

8.“应付职工薪酬——职工福利”账户的借方登记的是 （　　）

A.提取的福利费　　B.支付的职工医药费

C.支付的职工困难补助　　D.其他福利费支出

9.产品加工完毕，验收入库的分录应该是（　　）

A.借记“生产成本”　　B.借记“库存商品”

C.贷记“生产成本”　　D.贷记“库存商品”

三、判断题

1.工业企业产品生产过程是连接供应和销售过程的中心环节，产品生产过程也是生产耗费过程。（　　）

2.“累计折旧”账户属于资产类账户，所以其期末余额在借方。（　　）

3.“应付职工薪酬”账户期末无余额。（　　）

4.“应付利息”账户若出现借方余额说明企业实际支付数大于计提数。（　　）

5.企业领料用于产品生产，应借记“生产成本”账户。（　　）

6.结转本月制造费用应贷记“生产成本”账户。（　　）

7.车间购买办公用品费用，属于管理费用。（　　）

8.企业计提短期借款利息，应记入“管理费用”账户的借方。（　　）

9.企业生产用固定资产计提折旧时应直接记入“生产成本”。（　　）

10.企业以银行存款支付职工医药费用，借记“应付职工薪酬—职工福利费”。（　　）

四、业务题

【目的】熟悉产品生产交易、事项的会计记录

【资料】南方公司12月份发生下列产品生产交易、事项：

1. 12月4日企业耗用材料如表5-1所示

表5-1

用途	甲材料	乙材料	合计
A产品	6 000	8 000	14 000
B产品	5 000	4 000	9 000
车间消耗	500	900	1 400
厂部消耗	200	500	700
合计	11 700	13 400	25 100

2. 12月5日，以银行存款支付下年度财产保险费7 200元。

3. 12月6日，从银行提取现金80 000元，以备发放本月工资。

4. 12月6日，用现金发放本月职工工资80 000元。

5. 12月10日，车间购买修理用材料总额800元，增值税专用发票上注明增值税为128元，以银行存款支付。

6. 12月12日，以现金550元购买厂部办公用品。

7. 12月14日，以现金400元购买车间办公用品。

8. 12月15日，从银行取得期限为三个月的短期贷款200 000元，存入银行。

9. 12月20日，以现金预付车间主任吴明差旅费800元。

10.12月24日，吴明出差归来，报销差旅费600元，交回现金200元。

11.12月31日，按规定计提本月固定资产折旧费30 000元。其中，生产车间使用的固定资产应计提折旧费20 000元，企业行政管理部门使用的固定资产应计提折旧费10 000元。

12.12月31日，预提本月应负担的短期借款利息4 000元。

13.12月31日，分配本月份职工工资91 100元，其中，生产工人工资77 520元（用于A产品生产工人工资47 880元，用于B产品生产工人工资29 540元），车间管理人员工资4 560元，企业行政管理部门人员工资9 120元。

14.12月31日，结转本月制造费用，其中A产品负担60%，B产品负担40%。

15.12月31日，结转本月完工入库A、B产品制造成本，A产品400件，每件制造成本196.34元，计78 536元；B产品200件，每件制造成本248.22元，计49 644元。

【要求】根据上述交易、事项编制相关会计分录。

第四节　销售和利润形成过程的核算

一、单项选择题

1.（　　）账户用于核算企业经营活动发生的消费税、城市维护建设税、资源税和教育费附加等相关税费。

A.“主营业务成本”　B.“税金及附加”　C.“管理费用”　D.“销售费用”

2.企业支付广告费，应记入（　　）账户的借方。

A.“主营业务成本”　B.“税金及附加”　C.“管理费用”　D.“销售费用”

3.销售材料实现的收入应贷记（　　）账户。

A.“主营业务收入”　B.“其他业务收入”　C.“投资收益”　D.“销售费用”

4.“预收账款”账户属于　（　　）

A.资产类账户　B.负债类账户

C.损益类账户　D.所有者权益类账户

5.（　　）账户用于核算企业因销售商品、提供劳务等经营活动，应向购货单位或接受劳务单位收取的款项。

A.“应收账款”　B.“预收账款”　C.“预付账款”　D.“其他应收款”

6.结转本月产品销售成本时，下列会计分录正确的是　（　　）

A.借：生产成本
　贷：制造费用

B.借：生产成本
　贷：库存商品

C.借：制造费用
　贷：生产成本

D.借：主营业务成本
　贷：库存商品

7.计算提取城建税和教育费附加时，应贷记（　　）账户。

A.“主营业务成本”　B.“税金及附加”　C.“应交税费”　D.“销售费用”

8.下列可能会与“本年利润”账户贷方发生对应关系的账户是　（　　）

A.“主营业务收入”　B.“主营业务成本”　C.“库存商品”　D.“管理费用”

9.年末，应将本年发生的净亏损转入（　　）账户的借方。

A.“利润分配”　B.“本年利润”　C.“未分配利润”　D.“投资收益”

10.企业当年实现的净利润，记入（　　）账户的贷方。

A.“利润分配”　B.“本年利润”　C.“未分配利润”　D.“投资收益”

二、多项选择题

1.销售过程会计核算的主要内容包括　（　　）

A.确认营业收入　B.结转营业成本

C.计算应交税金及附加　D.支付各项销售费用

2.下列账户中属于损益类账户的有　（　　）

A.“主营业务收入”　B.“营业外收入”

C.“所得税费用” D.“应交税费”

3.期末转入“本年利润”账户贷方的有 ( )

A.主营业务收入 B.其他业务收入

C.主营业务成本 D.销售费用

4.销售产品取得收入时可能涉及的贷方账户有 ( )

A.“主营业务收入” B.“其他业务收入”

C.“主营业务成本” D.“应交税费”

5.利润是指企业在一定会计期间的经营成果，包括 ( )

A.营业利润 B.利润总额

C.净利润 D.主营业务利润

6.“本年利润”账户的借方登记 ( )

A.各成本费用或支出类账户期末转入数 B.各收益类账户期末转入数

C.当年发生的净亏损 D.当年实现的净利润

7.“利润分配”账户的借方登记 ( )

A.可供分配利润 B.应交所得税

C.提取的盈余公积 D.应付利润

8.所有者权益就其组成内容来看，包括 ( )

A.投入资本 B.投资收益

C.资本公积 D.盈余公积和未分配利润

9.下列各项属于企业留存收益的有 ( )

A.实收资本 B.资本公积

C.盈余公积 D.未分配利润

10.下列账户期末结转后无余额的有 ( )

A.“生产成本” B.“管理费用”

C.“制造费用” D.“所得税费用”

三、判断题

1.企业销售产品取得的收入，与向企业投入资本有关系。 ( )

2.企业因销售材料而取得的收入应记入“其他业务收入”账户的借方。 ( )

3.企业期末，应将主营业务收入的金额转入“本年利润”的借方。 ( )

4.“预收账款”属于资产类账户，用于核算企业按照销货合同规定预收购货单位的款项。 ( )

5.不单独设置“预收账款”的企业，预收的账款也在“应收账款”账户核算。 ( )

6.企业获利时，净资产增加，投资人权益就会增加。 ( )

7.营业外收入是指企业日常活动形成的，应当计入当期损益。 ( )

8.企业各收益类账户期末应转入“本年利润”的借方。 ( )

9.企业向社会福利部门捐款，应冲减盈余公积。 ( )

10.企业按规定计算应交所得税时应借记“利润分配”账户，贷记“应交税费”账户。（　）

11.企业期末应将有关营业收入账户、投资收益账户和营业外收入账户的余额，转入“本年利润”账户，以便企业计算财务成果。（　）

12.企业4月末“本年利润”账户有贷方余额60 000元，表示企业本年度从年初开始到4月末累计实现的利润总额。（　）

13.企业对净利润经过分配仍有余额，属于未分配利润，是企业留存收益的重要内容。（　）

14.结转全年实现的净利润应计入“本年利润”的贷方。（　）

四、业务题

【目的】熟悉销售和利润形成交易、事项的会计记录

【资料】亚泰公司12月份发生下列产品销售交易、事项：

1. 12月5日，销售给金田公司A产品450件，每件售价260元，计117 000元；B产品260件，每件售价265元，计68 900元。货款总额为185 900元，增值税税率为16%，款项总额已收到并存入银行存款账户。

2. 12月8日，以银行存款支付广告费2 000元。

3. 12月8日，根据合同规定，预收正大公司购买B产品的价款25 000元，已存入银行。

4. 12月18日，销售给正大公司B产品400件，每件售价265元，计106 000元，增值税额16 960元，本月8日已预收部分货款，其余货款18日收到存入银行。

5. 12月19日，以银行存款支付汇兑手续费500元。

6. 12月20日，销售给金田公司A产品100件，每件售价260元，计26 000元，增值税4160元，价款尚未收到。

7. 12月25日，收到金田公司所欠货款30 160元，存入银行。

8. 12月25日，销售给正大公司A材料3 000千克，每千克售价18元，计54 000元，增值税税率为16%，款已收到存入银行，并结转材料成本40 000元。

9. 12月27日，以银行存款1 000元支付产品销售包装费。

10.12月31日，结转本月已销产品的制造成本。其中，A产品每件172元，B产品每件200元。

11.12月31日，以银行存款1 050元捐赠某社会公益性福利部门。

12.12月31日，按规定计提应交城市维护建设税2 309.79元，教育费附加989.91元。

13.12月31日，经批准将确实无法支付某单位的应付货款5 800元，转作营业外收入。

14.12月31日，将本月主营业务收入317900元，其他业务收入54 000元，营业外收入5 800元，结转“本年利润”账户。

15.12月31日，将本月主营业务成本226 600元，税金及附加3 299.70元，销售费用3 000元，管理费用21 070元，财务费用4 500元，其他业务成本40 000元，营业外支出1 050元，转入“本年利润”账户。

16.12月31日，计算结转本月应交所得税33 045.08元（税率为25%）。

17.12月31日，将所得税转入“本年利润”账户。

【**要求**】根据上述交易、事项编制相关会计分录。

第六章　成本计算

一、单项选择题

1.成本计算是（　　）的一种专门方法。

A.会计检查　　B.会计分析　　C.会计核算　　D.会计监督

2.某企业本期生产A、B两种产品，共发生制造费用37 000元，现以生产工人工资为分配标准（A产品工人工资28 000元，B产品工人工资12 000元），则B产品应分摊的制造费用为（　　）元。

A.18 500　　B. 11 100　　C.12 000　　D. 25 900

3.在产品生产过程中发生的费用，不能直接计入各成本对象的是　　（　　）

A.期间费用　　B.直接材料　　C.直接人工　　D.制造费用

4.某工业企业为增值税一般纳税人，购入一批原材料，价款400 000元，进项税额64 000元。为采购该批材料发生运杂费2 000元及包装物押金1 000元，材料已验收入库。该批材料的入库价值为　　（　　）

A.403 000　　B. 466 000　　C.402 000　　D.467 000

5.某公司同时购进A、B两种材料。A材料3000千克，单价25元，计价款75 000元，增值税为12 000元；B材料2 000千克，单价40元，计价款80 000元，增值税为12 800元。发生运杂费1 500元，所有款项均以银行存款支付，运杂费按材料的质量比例进行分配(不考虑运费的增值税扣除问题)。则其中A材料的采购成本为　　（　　）

A.75 900　　B.80 900　　C.80 600　　D.75 600

6.应计入产品成本，但不能分清应由何种产品负担的费用，应　　（　　）

A.直接计入当期损益　　B.作为管理费用处理

C.作为制造费用处理，期末再通过分配计入产品成本

D.直接计入生产成本账户

7.某企业本月生产A产品耗用机器工时120小时，生产B产品耗用机器工时180小时。本月发生车间管理人员工资3万元，产品生产人员工资30万元。该企业按机器工时比例分配制造费用。假设不考虑其他因素，本月B产品应分配的计入制造费用工资为（　　）万元。

A.1. 2　　B. 1.32　　C.1. 8　　D. 1. 98

8.某企业“生产成本”账户期初余额为20万元，本期为生产产品发生直接材料费用

60万元，直接人工费用10万元，制造费用15万元，企业行政管理费用10万元，本期结转完工产品成本为80万元。假定该企业只生产一种产品，期末“生产成本”账户的余额为（　　）万元。

A.15　　B. 35　　C.5　　D. 25

9.某生产车间生产A和B两种产品，该车间共发生制造费用40万元，生产A产品生产工人工时为4 000小时，生产B产品生产工人工时为6 000小时。若按生产工人工时比例分配制造费用，B产品应负担的制造费用为（　　）万元。

A.16　　B. 24　　C. 40　　D. 20

二、多项选择题

1.材料成本项目一般分为　　（　　）

A.材料买价　　B.采购费用　　C.直接费用　　D.间接费用

2.产品制造成本项目一般分为　　（　　）

A.直接费用　　B.直接材料　　C.直接人工　　D.制造费用

3.产品的销售成本由已售产品的（　　）构成。

A.直接材料费　　B.直接人工　　C.制造费用　　D.制造成本

4.下列应计入材料采购费用的有　　（　　）

A.运杂费　　B.购入材料支付的买价

C.运输途中的合理损耗　　D.入库前的挑选整理费

5.下列各方法中，可以用于分配制造费用的方法有　　（　　）

A.生产工人工时比例法　　B.生产工人工资比例法

C.机器工时比例法　　D.直接材料成本比例法

6.某公司本月生产完工A产品1 000件，B产品500件，生产成本—A产品期初余额为5 000元，本月用于生产A产品的直接材料和直接人工为30 000元，用于B产品的直接材料和直接人工为60 000元，制造费用总额12 000元，按完工产品数量分配制造费用，生产成本—B产品期末余额为15 000元，下列说法正确的有　　（　　）

A.A产品负担的制造费用为8 000元，B产品负担的制造费用为4 000元

B. 完工A产品成本为43 000元，完工B产品成本为49 000元

C.完工A产品单位成本为43元/件，完工B产品单位成本为98元/件

D. 因为B产品期末尚未完全完工，所以期末时不应结转B产品成本

7.某生产车间生产A和B两种产品，该车间共发生制造费用40万元，生产A产品生产工人工时为4 000小时，生产B产品生产工人工时为6 000小时。若按生产工人工时比例分配制造费用，下列说法正确的有　　（　　）

A.A产品应负担的制造费用为16万元　　B. A产品应负担的制造费用为24万元

C.B产品应负担的制造费用为16万元　　D.B产品应负担的制造费用为24万元

8.某公司同时购进A、B两种材料。A材料3 000千克，单价25元，计价款75 000元，增值税为12 000元；B材料2 000千克，单价40元，计价款80 000元，增值税为12 800元。

发生运杂费1500元，所有款项均以银行存款支付。运杂费按材料的质量比例进行分配（不考虑运费的增值税扣除问题）。下列说法正确的有 （ ）

A.A材料应负担的运杂费为900元　　B.B材料应负担的运杂费为600元

C.A材料的采购成本为75900元　　D.B材料的采购成本为80600元

三、判断题

1.费用的发生会引起资产的减少或负债的增加。 （ ）

2.产品销售成本是指已销产品的制造成本与发生的各种销售费用之和。 （ ）

3.成本计算是会计核算的一种专门方法。 （ ）

4.成本计算就是将生产经营活动过程中所发生的各种费用，按不同的产品进行归集和分配，计算出各个对象的总成本和单位成本。 （ ）

5.直接进行产品生产的生产工人工资，直接计入“生产成本”账户，属于直接费用。 （ ）

6.企业将制造费用项目误计入管理费用，将会影响本期产品成本计算的准确性。 （ ）

7.产品生产过程中，发生的各项费用都可以直接计入产品的制造成本。 （ ）

8.如果某产品月初月末均无在产品，则本月为生产该产品发生的全部生产费用就是该产品本月完工产品的总成本。 （ ）

9.在材料采购业务中发生的运输途中的合理损耗，不需要进行专门的账务处理。 （ ）

10.成本是指生产某种产品、完成某个项目或者做成某件事情的代价，也即发生的耗费总和，是对象化的费用。 （ ）

11.产品成本是指企业在一定时期发生的，用货币表现的生产耗费。 （ ）

四、业务题

（一）【目的】练习制造费用的分配以及产品成本的计算

【资料】某公司生产甲、乙两种产品，甲产品期初在产品成本为72 550元，本月发生的材料费为146 000元，生产工人工资为67 500元。月末在产品成本为25 000元，完工产品数量为200件；乙产品没有期初在产品，本月发生的材料费为84 528元，生产工人工资为44 800元，月末没有在产品，完工产品数量为500件，本月共发生制造费用336 900元（制造费用按生产工人工资比例分配）。

要求：计算甲、乙完工产品总成本和单位成本，并编制结转完工产品生产成本的会计分录。

制造费用分配率＝

甲产品应分配的制造费用=

乙产品应分配的制造费用=

甲产品完工产品总成本=

甲产品完工产品单位成本=

乙产品完工产品总成本=

乙产品完工产品单位成本=

会计分录：

（二）某工业企业（一般纳税人），从外地购入一批原材料5000千克，每千克2元，增值税税率为16%，另支付运输费600元、装卸费300元、采购人员差旅费200元，款项全部通过银行支付。材料验收入库时发生定额内损耗100千克。（不考虑运费的增值税扣除问题，计算结果保留两位小数）

要求：

1.计算

材料采购总成本=

材料采购单位成本=

2.编制相关会计分录

（三）根据下列交易或事项编制会计分录（需要计算的请列出计算过程）

1.企业购入甲材料6 000千克，单价5元，丙材料4 000千克，单价3元，增值税6720元，对方代垫运费3 000元（不考虑运费的增值税扣除问题），材料未验收入库，款项已用银行存款支付（运费按材料质量比例分配）。

2. 企业生产A产品领用甲材料1000千克，单价5.3元，生产B产品领用丙材料500千克，单价3.3元，车间一般耗用甲材料100千克，单价5.3元，厂部一般耗用丙材料200千克，单价3.3元。

3. 企业出售A产品2 000件，每件售价180元；B产品1 000件，每件售价130元，增值税款为78 400元，款项已收存银行。

4. 结转本月职工工资15 000元，其中，A产品生产工人工资6 000元，B产品生产工人工资4 000元，车间管理人员工资2 000元，厂部行政管理人员工资3 000元。

5. 预提本月应负担的银行借款利息900元。

6. 用银行存款支付由本月份负担的车间固定资产修理费2 000元。

7. 本月基本生产车间固定资产应提折旧2 000元，行政管理部门固定资产应提折旧1 000元。

8.将本月份发生的制造费用按 A、B产品的生产工时分配并结转。其中，A产品生产工时为 600工时，B产品生产工时为400工时。

9.本月A产品已全部完工，结转其完工成本。

10.结转本月份已销产品成本，其中， A产品单位成本123元，B产品单位成本98元。

第七章　填制会计凭证

第一节　会计凭证的含义及分类

一、单项选择题

1. 每项经济业务发生或完成时取得或填制的凭证是　（　）

A. 原始凭证　B. 记账凭证　C. 收款凭证　D. 付款凭证

2. 下列可以作为登记账簿直接依据的是　（　）

A. 原始凭证　B. 记账凭证　C. 汇总原始凭证　D. 财务会计报告

二、判断题

1. 原始凭证是登记账簿的直接依据。　（　）

2. 会计凭证按填制程序和用途不同分为原始凭证和记账凭证。　（　）

第二节　原始凭证的填制与审核

一、单项选择题

1. 下列凭证中，不能作为记账依据的原始凭证是　（　）

A. 发料单　B. 工资结算单　C. 出差车票　D. 购销合同

2. 下列各项中不属于原始凭证要素的是　（　）

A. 金额　B. 交易事项内容　C. 会计分录　D. 经办人员签名盖章

3. 原始凭证按取得来源不同分为自制原始凭证和　（　）

A. 汇总原始凭证　B. 外来原始凭证　C. 通用凭证　D. 累计凭证

二、多项选择题

1. 以下会计凭证中，属于一次原始凭证的有　（　）

A. 收料单　B. 借款单　C. 销售发票　D. 限额领料单

2. 原始凭证按其填制手续及方式可分为　（　）

A. 一次原始凭证　B. 累计原始凭证　C. 外来原始凭证　D. 汇总原始凭证

3. 下列原始凭证属于自制凭证的有　（　）

A. 收料单　B. 领料单　C. 工资结算单　D. 购货时取得的发票

三、判断题

1.原始凭证不得涂改、刮擦、挖补，如发现填写错误的，应由出具单位更正，更正处加盖开出单位的公章。 (　　)

2.预先印定编号的原始凭证，在写坏作废时，应直接撕毁。 (　　)

3.审核原始凭证时发现金额有错误时，可由经办人员直接在原始凭证上进行修改。 (　　)

第三节　记账凭证的填制与审核

一、单项选择题

1.从银行提取现金，一般应填制的记账凭证是 (　　)

A.现金收款凭证　　B.银行付款凭证

C.转账凭证　　D.分别填制银行付款凭证和现金收款凭证

2.管理部门使用的固定资产计提折旧时应填制的记账凭证是 (　　)

A.收款凭证　　B.付款凭证

C.转账凭证　　D.汇总记账凭证

3.填制记账凭证的依据是 (　　)

A.自制原始凭证　　B.外来原始凭证

C.汇总原始凭证　　D.审核无误的原始凭证

4.下列各项中属于记账凭证核心内容的是 (　　)

A.凭证编号　　B.交易事项内容摘要

C.会计分录　　D.有关人员签名盖章

5.(　　)是会计工作的起点和关键。

A.填制和审核会计凭证　　B.编制会计分录

C.登记会计账簿　　D.编制会计报表

6.下列业务中，应编制付款凭证的是 (　　)

A.收回前欠货款30 000元　　B.购入材料1 000元，货款未付

C.以银行存款归还前欠货款50 000元　　D.接受投资者投入280 000元

7.下列各项中，将会计凭证分为原始凭证和记账凭证两大类依据是 (　　)

A.凭证填制的时间　　B.凭证填制的程序和用途

C.凭证填制的方法　　D.凭证所反映的经济内容

二、多项选择题

1.专用记账凭证按其反映的交易、事项及与货币资金的关系可分为 (　　)

A.收款凭证　　B.付款凭证

C.转账凭证　　D.汇总记账凭证

2.记账凭证的审核内容包括 (　　)

A.内容是否真实　　B.项目是否齐全

C.科目、金额是否正确　　D.书写是否正确

3.记账凭证按填列方式可分为　（　）

A.收款凭证　　B.复式记账凭证

C.单式记账凭证　　D.付款凭证

4.下列关于会计凭证的说法中正确的有　（　）

A.会计凭证是记录经济业务发生和完成情况的书面证明

B.会计凭证是登记账簿的依据

C.任何单位，每发生一项经济业务，经办人员必须按照规定的程序和要求，认真填制会计凭证

D.任何会计凭证均可作为登记账簿的依据

5.下列各项中属于原始凭证基本内容的有　（　）

A.原始凭证名称　　B.凭证编号

C.接受凭证单位的名称　　D.数量、单价、金额

6.下列关于一次凭证的说法中，正确的有　（　）

A.一次凭证是指反映一项经济业务，或者同时反映若干项同类性质的经济业务的会计凭证

B.一次凭证的填制手续是一次完成的会计凭证

C.企业购进材料验收入库，由仓库保管员填制的“收料单”属于一次凭证

D.工业企业常用限额领料单是常见的一次凭证

7.下列各项中属于编制转账凭证时贷方不可能出现的会计科目有　（　）

A.“库存现金”　　B.“银行存款”

C.“应收账款”　　D.“应付账款”

8.下列人员中，属于需要在自制原始凭证上签字或盖章的有　（　）

A.经办部门负责人　　B.出纳人员

C.记账人员　　D.经办人员

三、判断题

1.企业从银行提取现金，一方面表现为现金的增加，另一方面表现为银行存款的减少，因此应编制现金收款记账凭证和银行存款付款记账凭证。　（　）

2.只有用于记录库存现金收入业务的会计凭证才是收款凭证。　（　）

3.当一笔经济业务需要填制一张以上的记账凭证时，记账凭证可以采取分数编号法编号。　（　）

4.不同类别、不同内容的原始凭证可以汇总填制一张记账凭证。　（　）

5.所有记账凭证都必须附原始凭证。　（　）

6.记账凭证可以根据每一张原始凭证填制，也可以根据若干张同类原始凭证汇总编制。　（　）

第八章　登记账簿

第一节　登记账簿的含义及分类

一、单项选择题

1.编制财务报表的基础是 （　　）

A.原始凭证　B.记账凭证　C.会计凭证　D.会计账簿

2.总账必须使用 （　　）

A.活页账　B.订本账　C.卡片账　D.多栏式账

3.（　　）账簿只是对其他账簿的一种补充，与其他账簿之间不存在严密的依存和钩稽关系。

A.日记账　B.总账　C.明细账　D.备查账

4.下列账簿一般采用数量金额式明细账的是 （　　）

A.原材料明细账　B.现金日记账　C.总账　D.应收账款明细账

5.应付账款明细分类账采用的账页格式是 （　　）

A.三栏式　B.数量金额式　C.多栏式　D.横线登记式

6.成本费用明细分类账的账页格式一般采用 （　　）

A.三栏式　B.多栏式　C.数量金额式　D.横线登记式

7.总账一般采用 （　　）

A.三栏式　B.多栏式　C.数量金额式　D.横线登记式

二、多项选择题

1.会计账簿按用途可以分为 （　　）

A.日记账　B.分类账　C.备查账　D.明细账

2.会计账簿按外形特征可分为 （　　）

A.订本账　B.活页账　C.备查账　D.卡片账

3.分类账按其反映经济业务的详略程度分为 （　　）

A.总账　B.日记账　C.明细账　D.备查账

4.下列账簿必须使用订本账的有 （　　）

A.总账　B.明细账　C.现金日记账　D.银行存款日记账

5.数量金额式明细分类一般适用于下列哪些账户的登记（　　）

A.“应付账款”　　B.“原材料”

C.“库存商品”　　D.“制造费用”

第二节　登记账簿的规则

一、单项选择题

1.账簿上的记录文字必须清晰，数字必须规范，书写的文字数字一般（　　）

A.占满格　　B.占行高的1/3

C.占行高的1/2　　D.占行高的1/5

2.下列说法正确的是（　　）

A.登记账簿不允许使用红色墨水　　B.红色墨水只允许在冲销错账时使用

C.登记账簿可以使用圆珠笔　　D.登记账簿必须使用蓝黑或碳素墨水

二、多项选择题

在账簿登记时，下列（　　）做法是正确的。

A.以审核无误的会计凭证为登账依据

B.用蓝黑墨水或黑墨水书写

C.期末余额可用铅笔记账

D.发生跳行隔页，应在空行或空页中画对角红线注销

三、判断题

1.只有冲销错账才可以使用红字，其余情况一律不得使用红字。（　　）

2.账簿上记录的数字必须清晰，所以要在账页中满格书写。（　　）

3.发生记账错误时，应用涂改液进行修改。（　　）

4.每一笔交易事项在账簿中登记完毕后，要做出记账标识，表明交易事项已经记账。（　　）

第三节　登记账簿的方法

一、单项选择题

1.对于从银行提取现金的经济业务，登记现金日记账的依据是（　　）

A.现金收款凭证　　B.银行存款收款凭证

C.现金付款凭证　　D.银行存款付款凭证

2.只进行金额核算的账户，其明细账的格式一般为（　　）

A.数量金额式　　B.多栏式　　C.三栏式　　D.横线登记式

3.下列账户的明细核算应当采用数量金额式明细账的是（　　）

A.应收账款　　B.库存现金　　C.库存商品　　D.本年利润

4.下列账户的明细核算一般采用多栏式明细账的有（　　）

A.应收账款　　B.库存现金

C.库存商品　　D.管理费用

二、多项选择题

1.对于从银行提取现金的经济业务，应登记的账簿有（　　）

A.现金日记账　　B.现金总账

C.银行存款日记账　　D.银行存款总账

2.明细分类账的登记依据有（　　）

A.原始凭证　　B.原始凭证汇总表

C.记账凭证　　D.记账凭证汇总表

3.下列账户的明细核算应当采用数量金额式明细账的有（　　）

A.原材料　　B.库存现金

C.库存商品　　D.本年利润

4.下列账户的明细核算应当采用多栏式明细账的有（　　）

A.生产成本　　B.制造费用

C.库存商品　　D.管理费用

三、判断题

1.三栏式现金日记账必须用订本账，多栏式现金日记账可以使用活页账。（　　）

2.现金日记账、银行存款日记账所采用的账页格式由企业自行决定。（　　）

3.生产成本、管理费用等成本费用类账户一般采用多栏式明细账。（　　）

第四节　对账和结账

一、单项选择题

1.会计人员记账后发现记账凭证中账户的对应关系正确，但所记金额大于应记金额，应采用的错账更正方法是（　　）

A.画线更正法　　B.红字更正法

C.补充登记法　　D.不做调整

2.会计人员记账后发现记账凭证中账户的对应关系正确，但所记金额小于应记金额，应采用的错账更正方法是（　　）

A.画线更正法　　B.红字更正法

C.补充登记法　　D.不做调整

3.原始凭证金额有错误，应当（　　）

A.用红字更正法更正　　B.用画线更正法更正

C.用补充登记法更正　　D.由出具单位重开

4.会计人员记账后发现记账凭证中账户使用错误，应采用的错账更正方法是（　　）

A.画线更正法　　B.红字更正法

C.补充登记法　　D.不做调整

5.下列各项中适合于采用活页式账簿形式的是　（　）

A.明细分类账　　B.银行存款日记账

C.库存现金日记账　　D.备查账

6.下列凭证中，属于补充登记法更正错误时应编制的记账凭证是　（　）

A.红字记账凭证

B.蓝字记账凭证

C.一张红字记账凭证及一张蓝字记账凭证

D.不能确定

7.下列各项中，可以采用画线更正法的是　（　）

A.记账凭证中会计账户或借贷方错误，导致账簿记录错误

B.记账凭证正确，登记账簿时发生文字或数字错误

C.记账凭证中会计账户或借贷方正确，所记金额大于应记金额，导致账簿记录错误

D.记账凭证中会计账户或借贷方正确，所记金额小于应记金额，导致账簿记录错误

二、多项选择题

1.错账的更正方法包括　（　）

A.画线更正法　　B.红字冲销法

C.蓝字冲销法　　D.补充登记法

2.账账核对主要包括　（　）

A.总账与总账核对

B.总账与所属明细账核对

C.财产物资明细账与财物保管使用账核对

D.库存现金、银行存款总账与日记账核对

3.结账主要包括　（　）

A.日结　　B.月结

C.季结　　D.年结

4.对账工作主要包括　（　）

A.账账核对　　B.账证核对

C.账实核对　　D.重新登账

5.下列关于会计账簿的说法中正确的有　（　）

A.会计账簿是由一定格式账页组成的

B.会计账簿是以经过审核的会计凭证为依据的

C.设置和登记会计账簿是编制会计报表的依据

D.通过账簿的设置和登记，不能够检查、校正会计信息

6.下列各项中属于账簿按其用途不同所分的类别有　（　）

A.序时账簿　　B.分类账簿

C.备查账簿　　D.总分类账簿

7.下列各项中属于账簿应具备的基本内容有　（　）

A.封面　　B.账夹

C.扉页　　D.账页

三、判断题

1.银行存款日记账余额与银行对账单余额核对属于账账核对。　（　）

2.应收账款明细账余额与对方单位的账面记录核对属于账实核对。　（　）

3.更正错账的记账凭证可以不附原始凭证。　（　）

4.年终结账时，有余额的账户不需要结账，直接将余额结转下年。　（　）

第九章　财产清查

第一节　财产清查的含义及种类

一、单项选择题

1.财产清查的目的是达到（　　）

A.账账相符　B.账证相符　C.账实相符　D.账表相符

2.某企业仓库被盗，为查明损失立即进行盘点，这种财产清查，按清查的时间分，应属于（　　）

A.全面清查　B.局部清查　C.定期清查　D.不定期清查

3.定期清查一般是在（　　）进行。

A.结账时　B.结账前　C.结账后　D.对账中

4.以下情况中，宜采用局部清查的是（　　）

A.年终决算前进行的清查　B.企业清产核资时进行的清查

C.企业更换财产保管人员时的清查　D.企业改组为股份制试点企业进行清查

二、多项选择题

1.全面清查，一般是在（　　）时进行。

A.年终　B.冬季

C.月终　D.单位撤销、合并或改变隶属关系

E.一次性清产核资

2.不定期清查，一般在（　　）时进行。

A.年终　B.财产保管员变动

C.企业财产被盗　D.自然灾害造成部分财产损失

E.部分财产霉变

3.下列各项中，进行局部财产清查正确的做法包括（　　）

A.库存现金每月应至少清点一次　B.银行存款每月同银行核对一次

C.贵重物品每月应清查盘点一次　D.往来款每年至少核对一至两次

4.属于不定期清查情况的有（　　）

A.上级部门来进行会计检查　B.临时性的清产核资

C.审计、银行来进行检查　　　　　　D.财税部门来检查

三、判断题

1.从财产清查的对象和范围看，年终决算前对企业财产物资所进行的清查一般属于全面清查。（　　）

2.财产清查是指通过对货币资金、实物资产和往来款项的盘点和核对，确定其实存数，并查明账存数与实存数是否相符的一种专门方法。（　　）

3.企业财产的全面清查必须定期进行，局部清查则根据需要不定期进行了。（　　）

第二节　财产清查的方法

一、单项选择题

1.库存现金清查应采用的方法是（　　）

A.核对　　B.查询　　C.实地盘点　　D.技术推算

2.财产物资的盘盈是指（　　）

A.账存数大于实存数　　B.实存数大于账存数

C.由于记账差错多记的金额　　D.由于记账差错少记的金额

3.对于银行已入账而企业未入账的未达账项，企业应当（　　）

A.根据“银行对账单”记录的余额入账　　B.根据对账单和调节表自制凭证入账

C.在编制“银行存款余额调节表”时入账　　D.待有关凭证送达后入账

4.企业银行存款日记账与银行对账单的核对，属于（　　）

A.账实核对　　B.账证核对　　C.账账核对　　D.账表核对

5.产生未达账项的原因是（　　）

A.双方结账时间不一致　　B.双方记账时间不一致

C.双方对账时间不一致　　D.双方记账金额不一致

6.采用实地存盘制，平时对财产物资（　　）

A.只登记收入数，不登记发出数　　B.只登记发出数，不登记收入数

C.先登记收入数，后登记发出数　　D.先登记发出数，后登记收入数

7.结算往来款项的清查一般采用（　　）

A.实地盘点法　　B.估算法　　C.函证核对法　　D.对账单法

8.“未达账项”是指单位与银行之间由于结算凭证传递的时间不同而造成的（　　）

A.一方重复记账的账项

B.双方登记金额不一致的账项

C.双方均尚未入账的账项

D.一方已经入账，而另一方尚未登记入账的账项

9.月末存在未达账项时，企业实际可动用的银行存款数额是（　　）

A.企业银行存款日记账上的余额

B.银行对账单上的存款余额

C.银行存款余额调节表中调整后的存款余额

D.以上三项都不是

二、多项选择题

1.与外单位核对账目的方法适用于 （ ）

A.库存现金的清查 B.银行存款的清查

C.往来款项的清查 D.材料的清查

E.固定资产的清查

2.月末银行存款日记账与银行对账单不一致，造成企业账面余额大于银行对账单存款余额的原因有 （ ）

A.企业已收款入账，而银行尚未入账 B.企业已付款入账，而银行尚未入账

C.银行已收款入账，而企业尚未入账 D.银行已付款入账，而企业尚未入账

3.未达账项有以下几种情况 （ ）

A.银行已记存款减少，本单位尚未记账 B.银行已记存款增加，本单位尚未记账

C.本单位已记存款减少，银行尚未记账 D.本单位已记存款增加，银行尚未记账

E.双方都尚未记账

三、判断题

1.银行存款的清查，主要是将银行存款日记账与总账进行核对。 （ ）

2.月末企业银行存款的实有余额为银行对账单余额加上企业已收、银行未收款项，减去企业已付、银行未付的款项。 （ ）

3.产生未达账项的原因是记账错误，应采用适当的方法予以纠正。 （ ）

4.企业与其开户银行对账时所编制的“银行存款余额调节表”是企业发现该存款账实不符时进行会计核算的原始凭证。 （ ）

第三节 财产清查结果的处理

一、单项选择题

1.财产清查中发现某种材料盘亏时，在报经批准处理以前应做账务处理为 （ ）

A.借：管理费用
　　贷：待处理财产损溢

B.借：原材料
　　贷：待处理财产损溢

C.借：待处理财产损溢
　　贷：管理费用

D.借：待处理财产损溢
　　贷：原材料

2.对财产清查中发现的财产物资盘亏，若属于定额内的自然损耗，应按规定转作（ ）

A.管理费用 B.营业外支出 C.生产成本 D.其他应收款

3.“待处理财产损溢”是一个 （ ）

A.调整账户 B.双重性质账户 C.资产类账户 D.负债类账户

4.存货毁损属于应由保险公司赔偿部分，应记入（　　）账户。

A.“管理费用”　　B.“营业外支出”

C.“生产成本”　　D.“其他应收款”

5.企业因自然灾害造成固定资产盘亏，经过批准核销时，应借记（　　）账户。

A.“固定资产”　　B.“待处理财产损溢”

C.“营业外支出”　　D.“管理费用”

6.企业发生的盘盈盘亏事项经批准处理后，“待处理财产损溢”账户　　（　　）

A.可能有借方余额　　B.可能有贷方余额

C.无余额　　D.以上都不对

7.存货盘盈经批准处理后所做账务处理的贷方账户是　　（　　）

A.“营业外支出”　　B.“管理费用”

C.“待处理财产损溢”　　D.“营业外收入”

8.现金盘亏后，能确定责任人由过失人赔偿的部分，经批准后计入　　（　　）

A.其他应收款　　B.管理费用

C.营业外支出　　D.财务费用

9.某企业在遭受洪灾后，对其受损的财产物资进行的清查，属于　　（　　）

A.局部清查和定期清查　　B.全面清查和定期清查

C.局部清查和不定期清查　　D.全面清查和不定期清查

10.在企业与银行双方记账无误的情况下银行存款日记账与银行对账单余额不一致是由于有（　　）存在。

A.应收账款　　B.应付账款

C.未达账项　　D.其他货币资金

11.库存现金的盘亏，无法查明原因的应记入　　（　　）

A.“管理费用”　　B.“营业外支出”

C.“其他应收款”　　D.“待处理财产损溢”

二、多项选择题

1.对于盘亏的存货，如属自然损耗或某过失人应赔偿的超定额短缺，经批准，应分别列入（　　）账户。

A.“管理费用”　　B.“营业外支出”　　C.“财产费用”

D.“其他应收款”　　E.“营业费用”

2.下列各项业务中，应通过“营业外收入”账户核算的有　　（　　）

A.存货盘盈　　B.转销无法偿付的应付账款

C.无法查明原因的现金溢余　　D.固定资产盘盈

3.在“待处理财产损溢”账户贷方登记的有　　（　　）

A.等待批准处理的财产盘亏、毁损　　B.经批准转销的财产盘亏、毁损

C.等待批准处理的财产盘盈　　D.经批准转销的财产盘盈

4.企业下列（　　）会影响管理费用。

A.企业盘点库存现金，发生库存现金的盘亏

B.存货盘点，发现存货盘亏，由管理不善造成的

C.固定资产盘点，发现固定资产盘亏，盘亏的净损失

D.库存现金盘点，发现无法查明原因的现金溢余

5.现金出纳每天工作结束前都要将库存现金日记账结清并与库存现金实存数核对，这属于（　　）

A.定期清查　　B.不定期清查

C.全面清查　　D.局部清查

6.编制“银行存款余额调节表”时，应调整该表中“企业账面存款余额”项目的未达账项有（　　）

A.银行已收，企业未收　　B.银行已付，企业未付

C.企业已收，银行未收　　D.企业已付，银行未付

7.与“待处理财产损溢”账户借方发生对应关系的账户可能有（　　）

A.“原材料”　　B.“固定资产”

C.“应收账款”　　D.“营业外收入”

8.下列业务中，需要通过“待处理财产损溢”账户核算的有（　　）

A.库存现金的短缺　　B.存货的盘亏或毁损

C.无法收回的应收账款　　D.固定资产的清理

三、判断题

1.月末应根据“银行存款余额调节表”中调整后的余额进行账务处理，使企业银行存款账的余额与调整后的余额一致。（　　）

2.对盘盈的存货，应于批准后计入营业外支出。（　　）

3.通过财产清查可以做到账证相符、账物相符。（　　）

4.技术推算法是按照一定标准推算出实物资产的实有数的一种方法。（　　）

5.单位财产清查中查明的固定资产盘盈，应计入营业外收入。（　　）

四、业务题

兴业公司11月30日银行存款日记账为128 600元，银行对账单的存款余额数为141 420元，经过双方逐笔核对后，发现存在以下未达账项：

（1）公司因购买设备开出205#转账支票一张，金额为11 700元，公司已入账，但持票人尚未到银行办理转账手续。

（2）公司因销售商品收到购货方开来的转账支票一张，金额为9 360元，将支票送存银行后公司做收入入账，但是银行尚未办理入账手续。

（3）公司委托银行代收外地销货款14 040元，银行已收款入账，但公司尚未收到收款通知。

（4）计算借款利息3 560元，银行已支付，但是公司尚未收到付款通知。

【要求】根据上述资料，完成以下“银行存款余额调节表”的编制

银行存款余额调节表

xx年11月30日　　　　单位:元

项目	金额	项目	金额
银行存款日记账余额 加:银行已记增加,企业未记增加的账项 减:银行已记减少,企业未记减少的账项		银行对账单余额 加:企业已记增加,银行未记增加的账项 减:企业已记减少,银行未记减少的账项	
调节以后的存款余额		调节以后的存款余额	

第十章　编制财务会计报告

第一节　编制财务会计报告的意义

一、单项选择题

1.下列会计报表中属于月报的是　(　　)

A.资产负债表　B.利润表

C.现金流量表　D.资产负债表和利润表

2.资产负债表，反映企业在（　　）财务状况的报表。

A.一定期间　B.某一特定日期

C.某一特定期间　D.某一会计期间

3.反映某一特定期间财务成果的报表是　(　　)

A.资产负债表　B.利润表

C.产品成本表　D.现金流量表

4.下列各项中，属于对会计报表的编制基础、编制依据、编制原则和方法及主要项目等所做解释的是　(　　)

A.管理层讨论与分析　B.董事会报告

C.会计报表附注　D.财务情况说明书

二、多项选择题

1.企业对外报送的会计报表主要包括　(　　)

A.资产负债表　B.利润表

C.现金流量表　D.利润分配表

2.下列项目中，属于财务会计报告目标的主要内容有　(　　)

A.向财务会计报告使用者提供与企业财务状况有关的会计信息

B.向财务会计报告使用者提供与企业经营成果有关的会计信息

C.反映企业管理层受托责任履行情况

D.反映国家宏观经济管理的需要

3.企业年度、半年度财务报表应当包括　(　　)

A.资产负债表和利润表　B.会计账簿

C.会计报表附注　　　　　　　　　　D.现金流量表

三、判断题

1.资产负债表是反映企业在一定时期内财务状况变动情况的报表。（　　）

2.会计报表是根据总分类账、明细分类账和日记账的记录定期编制的。（　　）

3.会计报表是根据账簿资料和原始凭证定期编制，总括反映某一特定会计主体的财务状况、经营成果和现金流量情况的书面文件。（　　）

第二节　会计报表的结构和内容

一、单项选择题

1.下列属于静态报表的是（　　）

A.现金流量表　　　　　　B.利润表

C.资产负债表　　　　　　D.商品产品成本表

2.关于资产负债表的格式，下列各项表述中不正确的是（　　）

A.我国企业的资产负债表采用报告式结构

B.资产负债表左方为资产项目，按资产的流动性大小排列

C.资产负债表右方为负债和所有者权益项目，按求偿权先后顺序排列

D.资产负债表的平衡等式是："资产=负债+所有者权益"

3.资产负债表中所有者权益各项目自上而下的排列顺序是（　　）

A.盈余公积、资本公积、未分配利润、实收资本

B.资本公积、实收资本、盈余公积、未分配利润

C.盈余公积、未分配利润、实收资本

D.实收资本、资本公积、盈余公积、未分配利润

4.资产负债表中，负债项目按（　　）排列。

A.项目的重要性程度　　　　　　B.项目的金额大小

C.项目的支付性大小　　　　　　D.清偿债务的先后

二、多项选择题

1.利润表属于（　　）

A.静态报表　　　　　　B.动态报表

C.反映一定期间经营成果的报表　　　　　　D.反映财务状况的报表

2.下列资产负债表中的部分项目，属于所有者权益的有（　　）

A.实收资本　　B.资本公积　　C.未分配利润　　D.未付利润

3.下列项目中，列示在资产负债表右方的有（　　）

A.非流动资产　　B.非流动负债　　C.流动负债　　D.所有者权益

4.资产负债表左方反映的经济内容有（　　）

A.流动负债　　　　　　B.流动资产

C.长期投资　　　　　　　　　　D.无形资产及其他资产

三、判断题

1.资产负债表是属于静态报表。（　　）

2.通过利润表，可以帮助报表使用者全面了解企业的财务状况，分析企业的债务偿还能力，从而为未来的经济决策提供参考信息。（　　）

3.通过资产负债表，可以了解单位某一特定日期的权益结构。（　　）

第三节　会计报表的编制

一、单项选择题

1.下列资产负债表项目可根据总账余额直接填列的是（　　）

A.货币资金　　B.存货　　C.短期借款　　D.未分配利润

2.下列资产负债表项目，需根据明细账户余额计算填列的是（　　）

A.短期投资　　B.货币资金　　C.应付账款　　D.累计折旧

3.下列关于财务报表的表述中，正确的是（　　）

A.资产负债表中确认的资产为企业拥有的资产

B.资产负债表中的各报表项目均按有关账户期末余额直接填列

C.利润表是指反映企业在某一特定日期经营成果的会计报表

D.并非所有的企业均须编制现金流量表

二、多项选择题

1.登记总账的依据可以是（　　）

A.原始凭证　　B.汇总原始凭证　　C.记账凭证　　D.汇总记账凭证

E.科目汇总表

2.资产负债表“期末数”的填列方法有（　　）

A.根据总账余额直接填列　　　　B.根据总账余额计算填列

C.根据明细账余额直接填列　　　D.根据明细账余额计算填列

3.财务报表的使用者有（　　）

A.投资者　　B.债权人　　C.社会公众　　D.政府有关部门

4.会计报表可以按（　　）进行分类。

A.反映经济内容不同　　B.服务对象不同　　C.编制时间不同　　D.编制基础不同

5.资产负债表左方反映的经济内容有（　　）

A.流动负债　　B.流动资产　　C.长期投资　　D.无形资产及其他资产

第十一章　账务处理程序

第一节　账务处理的基本程序

一、单项选择题

1.设计会计账务处理程序是（　　）的一项重要内容。

A.会计凭证设计　　B.会计制度设计　　C.会计账簿设计　　D.会计报表设计

2.各种会计账务处理程序的主要区别在于（　　）

A.汇总的记账凭证不同　　B.登记总账的依据不同

C.汇总的凭证格式不同　　D.节省工作时间不同

3.账务处理程序的核心是（　　）

A.凭证组织　　B.账簿组织　　C.记账程序　　D.报表组织

4.下列凭证中，不能作为登记总分类账依据的是（　　）

A.记账凭证　　B.科目汇总表　　C.汇总记账凭证　　D.原始凭证

二、多项选择题

1.账簿的组织形式包括（　　）

A.账簿的种类　　B.账户的名称　　C.账簿之间的关系　　D.账簿的格式

2.各种会计账务处理程序之间的主要区别有（　　）

A.登记总分类账的依据不同　　B.登记总分类账的程序不同

C.登记明细分类账的依据不同　　D.登记明细分类账的程序不同

3.会计账务处理程序包括（　　）

A.记账凭证账务处理程序　　B.账户账簿

C.汇总记账凭证账务处理程序　　D.科目汇总表账务处理程序

第二节　记账凭证账务处理程序

一、单项选择题

1.记账凭证账务处理程序适用于（　　）的单位。

A.规模较小，业务较少　　B.规模较大，业务较多

C.规模较大，业务较少　　D.会计科目不多

2.记账凭证账务处理程序的主要特点是　（　）

A.根据各种记账凭证编制的汇总记账凭证　　B.根据各种记账凭证编制科目汇总表

C.根据各种记账凭证逐笔登记总分类账　　D.根据汇总记账凭证登记总分类账

3.记账凭证账务处理程序的缺点是　（　）

A.不便于分工记账　　B.程序复杂，不易掌握

C.不便于查账、对账　　D.登记总分类账的工作量大

二、多项选择题

1.记账凭证账务处理程序，登记明细账的依据可以是　（　）

A.原始凭证　B.汇总原始凭证　C.汇总记账凭证　D.记账凭证

2.记账凭证账务处理程序的优点在于　（　）

A.登记总分类账的工作量小　　B.效率较高

C.能反映账户对应关系　　D.总账反映内容详细

3.关于记账凭证账务处理程序，下列说法正确的有　（　）

A.根据记账凭证逐笔登记总分类账

B.是最基本的账务处理程序

C.简单明了，易于理解

D.总分类账可以比较详细地反映经济业务的来龙去脉

模拟试卷(一)

一、单项选择题（每题1分，共20分）

1.符合负债账户记账规则的是 （ ）

A.增加记贷方 B.减少记贷方 C.增加记借方 D.余额在借方

2.某企业“应付账款”账户期末贷方余额为460 000元，本月借方发生额为300 000元，贷方发生额为580 000元，则期初余额为 （ ）

A.1 600 000元 B. 180 000元 C.280 000元 D. 120 000元

3.如果企业不设“预付账款”账户，则发生的少量预付账款业务应在（ ）账户核算。

A.“应收账款” B.“预收账款” C.“应付账款” D.“其他应付款”

4.下列关于所有者权益说法不正确的是 （ ）

A.所有者权益是一种剩余权益

B.所有者权益在数量上等于资产减去负债后的余额

C.所有者权益就是实收资本（或股本）

D.收入的增加会导致所有者权益的增加

5.从银行提取现金，登记现金日记账的依据是 （ ）

A.现金收款凭证 B.现金付款凭证

C.银行存款付款凭证 D.银行存款收款凭证

6.投资者投入设备一台，该项经济业务引起 （ ）

A.一项资产增加，一项负债增加 B.一项资产增加，一项所有者权益增加

C.一项资产增加，一项资产减少 D.一项资产增加，一项负债减少

7.银行存款的账实核对就是将银行存款日记账的余额与（ ）核对。

A.银行存款的收付款凭证 B.总账中的银行存款账

C.银行对账单 D.银行金库中存款的实有数

8.车间管理人员的工资分配时应记入（ ）账户。

A.“管理费用” B.“制造费用” C.“生产成本” D.“库存商品”

9.结账前会计人员发现，根据记账凭证记账时把金额 800元写为5 800元，更正时应采用的正确方法是 （ ）

A.红字冲销法 B.画线更正法 C.补充登记法 D.消除字迹法

10.不属于总分类账和明细分类账平行登记要点的是 （ ）

A.方向相同 B.方法相同 C.金额相同 D.期间相同

11.某企业资产总额为200万元，负债总额为40万元，在将20万元负债转为投入资本后，所有者权益为 （ ）

A.140万元 B.180万元 C.160万元 D.200万元

12.原始凭证是在经济业务（ ）时取得或填制的。

A.填制记账凭证 B.发生或完成

C.登记明细账 D.编制原始凭证汇总表

13.红色墨水在下列（ ）情况下不得使用。

A.冲销错账 B.突出重要数据

C.表示反方向 D.结账画线

14.生产产品领用材料应填制 （ ）

A.付款凭证 B.收款凭证

C.转账凭证 D.科目汇总表

15.实物清查不能用的方法是 （ ）

A.逐一清点法 B.技术推算盘点法

C.核对账目法 D.实地盘点法

16.对于现金及银行存款日记账，月末结账时应在“本月合计”栏 （ ）

A.上下通栏画单红线 B.下面通栏画单红线

C.下面画双红线 D.金额栏内画单红线

17.下列项目不属于会计要素的是 （ ）

A.资产 B.所有者权益 C.收入 D.成本

18.关于试算平衡表说法正确的是 （ ）

A.试算平衡表是检查账户记录的唯一方法

B.试算平衡表如果平衡，说明账户记录肯定无错误

C.试算平衡表如果不平衡，说明账户记录有错误

D.试算平衡表通过试算，可以检查账户记录的各种错误

19.对序时账和分类账中不能记载的各项，需要进行补充登记的账簿是 （ ）

A.日记账 B.总分类账 C.备查账 D.卡片账

20.在借贷记账法下，账户的借方表示 （ ）

A.资产的增加和负债的减少 B.负债的增加和资产的减少

C.收入的增加和负债的减少 D.利润和所有者权益的增加

二、多项选择题（每题2分，共40分）

1.下列属于流动负债的有 （ ）

A.长期借款 B.应付票据

C.应付职工薪酬 D.所得税费用

2.所有者权益包括 ( )

A.实收资本 B.未分配利润 C.资本公积 D.盈余公积

3.总分类账户与明细分类账户平行登记要求做到 ( )

A.会计凭证相同 B.借贷方向相同

C.会计期间相同 D.金额相同

4.下列情况，可以使用红色墨水记账的有 ( )

A.在不设借贷等栏的多栏式账页中，登记增加数

B.在不设借贷等栏的多栏式账页中，登记减少数

C.在三栏式账户的余额栏前，如未印明余额方向的，在余额内登记正数余额

D.在三栏式账户的余额栏前，如未印明余额方向的，在余额内登记负数余额

5.会计账簿的基本内容有 ( )

A.封面 B.扉页 C.账页 D.标签

6.下列账户属于成本类的有 ( )

A.“制造费用” B.“生产成本” C.“管理费用” D.“原材料”

7.下列有关会计的说法中，正确的有 ( )

A.本质上是一种经济管理活动 B.对经济活动进行核算和监督

C.以货币为主要计量单位 D.核算特定主体的经济活动

8.编制“银行存款余额调节表”时，应调整企业银行存款日记账余额的业务包括： ( )

A.企业已收，银行未收 B.企业已付，银行未付

C.银行已收，企业未收 D.银行已付，企业未付

9.在借贷记账法的试算平衡中，平衡的公式有 ( )

A.借方科目金额=贷方科目金额

B.借方期末余额=借方期初余额+本期借方发生额-本期贷方发生额

C.全部账户的借方发生额合计=全部账户的贷方发生额合计

D.全部账户的借方余额合计=全部账户的贷方余额合计

10.在下列项目中，属于费用类账户的有 ( )

A.“销售费用” B.“制造费用”

C.“财务费用” D.“管理费用”

11.下列各项属于企业会计核算具体内容的有 ( )

A.款项和有价证券的收付 B.财产物资的收发、增减和使用

C.债权债务的发生和结算 D.财务成果的计算和处理

12.填制原始凭证时，下列符合书写要求的有 ( )

A.阿拉伯金额数字前面应当书写货币币种符号

B.币种符号与阿拉伯金额数字之间不得留有空白

C.大写金额有分的，分字后面要写“整”或“正”字

D.汉字大写金额可以用简化字代替

13.下列项目中，属于不定期并且全面清查的有 （ ）

A.单位合并、撤销以及改变隶属关系　B.年终决算之前

C.企业股份制改制前　D.单位主要领导调离时

14.下列关于会计账户和会计科目的说法正确的有 （ ）

A.会计科目是开设账户的依据，账户的名称就是会计科目

B.二者都是对会计对象具体内容的科学分类，口径一致，性质相同

C.没有账户，会计科目就无法发挥作用

D.会计科目不存在结构，账户则具有一定的格式和结构

15.财务报告可以提供（ ）信息。

A.财务状况　B.现金流量　C.经营成果　D.劳动生产率

16.下列属于"货币资金"的有 （ ）

A.库存现金　B.银行存款　C.外埠存款　D.应收票据

17.下列各选项中不包括在企业利润总额中的有 （ ）

A.营业利润　B.营业外收入　C.所得税费用　D.应收账款

18.以下不属于会计凭证的有 （ ）

A.经济合同　B.材料请购单　C.生产通知单　D.领料单

19.企业会计档案中，根据规定不必永久保存的有 （ ）

A.总账　B.会计档案保管清册

C.年度财务决算报告　D.汇总凭证

20.下列属于对账工作内容的是 （ ）

A.账证核对　B.账账核对　C.账实核对　D.账表核对

三、判断题（每题1分，共20分）

1.资产既包括过去的交易或事项形成的，也包括未来发生的交易或事项形成的经济资源。 （ ）

2.试算平衡表平衡不一定表示记账没有错误；试算平衡表不平衡，说明记账一定有错误，应进一步检查。 （ ）

3.在科目汇总表账务处理程序下，科目汇总表既可以按月编制，也可以定期（10天、半个月）编制。 （ ）

4."待处理财产损益"账户的借方登记财产物资的盘盈数和盘亏毁损的转销数。 （ ）

5.会计分录的编写是否正确是记账凭证审核的一项重要内容。 （ ）

6.资产负债表是主表，而利润表和利润分配表都是附表。 （ ）

7.已归档的会计档案，按规定一般不准外借。 （ ）

8.在我国，会计年度一般采用日历年度，即从每年的1月1日至12月31日为一个会计年度。 （ ）

9.所得税费用不会影响营业利润。（　　）

10.收款凭证可分为现金收款凭证和银行存款收款凭证。（　　）

11.所有的记账凭证都要附原始凭证。（　　）

12.核算和监督是会计的基本职能，二者相辅相成，辩证统一。（　　）

13.财务会计报告包括财务报表及其附注和其他应当在财务会计报告中披露的相关信息和资料。（　　）

14.复合会计分录可以分解成若干个简单的会计分录。（　　）

15.总分类账户对明细分类账户具有补充说明的作用，而明细分类账户对总分类账户具有统驭的作用。（　　）

16.会计主体指会计所核算和监督的内容。（　　）

17.资产负债表中，负债项目一般按照金额的大小顺序排列。（　　）

18.原始凭证金额有错误的应采用画线更正法进行更正。（　　）

19.利润表反映企业在一定会计期间的经营成果，因此属于静态报表。（　　）

20.定期清查是按事先计划确定好的时间对财产物资进行的清查。这种清查一般在会计期末结账时进行，如年末、季末、月末进行。（　　）

四、综合分析题（共10分）

正兴公司10月31日银行存款日记账余额为70 000元，银行对账单的存款余额为73 150元，经过双方逐笔核对后，发现存在以下未达账项：

（1）公司因采购材料开出转账支票一张，金额为2 000元，公司已入账，但持票人尚未到银行办理转账手续。

（2）公司因销售商品收到购货方开来的转账支票一张，金额为5 850元，将支票送存银行后公司做收入入账，但是银行尚未办理入账手续。

（3）公司委托银行代收外地销售货款12 000元，银行已收款入账，但公司尚未收到收款通知。

（4）银行代为支付本月水电费4 000元，已入账，但是公司尚未收到付款通知。

（5）银行代为支付本月电话费1 000元，已入账，但是公司尚未收到付款通知。

要求：根据上述资料，完成以下“银行存款余额调节表”的编制。

银行存款余额调节表

项目	金额	项目	金额
企业银行存款日记账余额	70 000	银行对账单余额	73 150
加：银行已收企业未收的款项合计	12 000	加：企业已收银行未收的款项合计	(3)(　　)
减：银行已付企业未付的款项合计	(1)(　　)	减：企业已付银行未付的款项合计	(4)(　　)
调节后的余额	(2)(　　)	调节后的余额	(5)(　　)

五、业务题（编制会计分录，共10分）

1.企业购入原材料一批，货款10 000元，增值税1 600元，以银行存款支付6 000元，其余款项尚未支付，材料已经入库。

2.企业向银行借入期限9个月的借款160 000元。

3.计提固定资产折旧20 000元，其中：生产车间固定资产折旧14 500元，企业管理部门固定资产折旧5 500元。

4.月末结转制造费用7 400元。

5.月末结转完工产品成本86 000元。

模拟试卷(二)

一、单项选择题（每题1分，共20分）

1.借贷记账法下，可以在账户贷方登记的是 （ ）

A.资产的增加 B.负债的减少 C.收入的减少 D.费用的减少

2.下列符合负债类账户记账规则的是 （ ）

A.增加记借方 B.增加记贷方 C.减少记贷方 D.期末无余额

3.会计的基本职能包括 （ ）

A.核算与监督 B.参与经济决策 C.预测经济前景 D.评价经营业绩

4.资产负债表是反映企业某一特定日期（ ）的报表。

A.经营成果 B.财务状况 C.营运资金 D.资本运营

5.下列不是记账凭证基本内容的是 （ ）

A.记账标记 B.填制单位签章 C.填制日期 D.凭证编号

6.某单位会计部第8号经济业务的一笔分录需填制两张记账凭证，则这两张凭证的编号为 （ ）

A.8，9 B.$9\frac{1}{2}$，$9\frac{2}{2}$ C.$8\frac{1}{2}$，$8\frac{2}{2}$ D.$8\frac{1}{2}$，$9\frac{2}{2}$

7.三栏式账簿是设置有（ ）三个基本栏目的账簿。

A.日期、摘要、余额 B.日期、借方、贷方

C.摘要、借方、贷方 D.借方、贷方、余额

8.在我国，单位一般只针对（ ）采用卡片账形式。

A.库存商品明细账 B.银行存款日记账

C.应交增值税明细账 D.固定资产明细账

9.不同账务处理程序的主要区别在于 （ ）

A.登记总分类账户的依据不同 B.会计凭证的传递方法不同

C.登记明细分类账户的依据不同 D.会计分工不同

10.下列不属于财产清查方法的是 （ ）

A.实地盘点法 B.发函询证 C.技术推算法 D.永续盘存法

11.企业银行存款日记账与银行对账单的核对，属于 （ ）

A.账证核对 B.账实核对 C.账账核对 D.账表核对

12.对现金进行盘点和核对，属于 （ ）

A.全面清查和不定期清查　　B.全面清查和定期清查

C.局部清查和不定期清查　　D.局部清查和定期清查

13.会计分录的基本内容不包括　（　）

A.应记账户的名称　　B.应记账户的方向

C.应记账户的金额　　D.应记入账的时间

14.下列保管期限为30年的会计档案是　（　）

A.银行存款余额调节表　　B.银行对账单

C.银行存款日记账　　D.会计档案保管清册

15.企业固定资产可以按照其价值和使用情况，确定采用某一方法计提折旧，它所依据的会计核算前提是　（　）

A.会计主体　　B.持续经营　　C.会计分期　　D.货币计量

16.下列各项中，属于企业的主营业务收入的是　（　）

A.销售商品收入　　B.材料销售收入

C.转让无形资产使用权收入　　D.包装物出租收入

17.下列经济活动中，引起资产和负债同时减少的是　（　）

A.以银行存款偿付前欠货款　　B.以现金支付办公费用

C.购买材料货款尚未支付　　D.收回应收账款

18.期间费用不包括（　）项目。

A.销售费用　　B.制造费用　　C.管理费用　　D.财务费用

19.存货盘盈核查后应　（　）

A.冲减存货成本　　B. 冲减管理费用

C.计入其他业务收入　　D.计入营业外收入

20.下列不能作为原始凭证的有　（　）

A.发料凭证汇总表　　B.银行存款余额调节表

C.现金盘点报告表　　D.制造费用分配表

二、多项选择题（每题2分，共40分）

1.在借贷记账法下，“预付账款”账户的借方不反映的是　（　）

A.企业债务的产生　　B.企业债务的增加

C.企业债权的产生　　D.企业债权的收回

2.下列经济业务应该编制转账凭证的是　（　）

A.生产产品领用材料　　B.产品加工完毕，验收入库

C.购入设备一台，款项未付　　D.以银行存款预付保险费

3.下列一般应采用三栏式明细账的账户是　（　）

A.“应收账款”明细账　　B.“原材料”明细账

C.“应付账款” 明细账　　D.“生产成本”明细账

4.下列经济业务会引起资产总额发生变化的有　（　）

A.到银行提取现金　　　　B.购入材料50 000元，货款未付

C.投资者投入设备1台　　　　D.以银行存款归还前欠款

5.记账凭证审核的内容包括 (　　)

A.内容是否真实　　　　B.项目是否齐全

C.会计科目、金额是否正确　　　　D.书写是否正确

6.某企业销售产品1批，价款50 000元，增值税8 000元，货款收回存入银行，这笔经济业务涉及的账户有 (　　)

A.“银行存款”　　　　B.“应收账款”

C.“主营业务收入”　　　　D.“应交税费—应交增值税（销项）”

7.下列关于记账凭证账务处理程序说法正确的有 (　　)

A.该程序的特点是直接根据记账凭证逐笔登记总账

B.总账登记详细，便于查账对账

C.缺点是总账登记的工作量较小

D.适用于规模小、业务量少的企业

8.下列各项中，属于会计等式的有 (　　)

A.资产=负债+所有者权益

B.收入-费用=利润

C.借方发生额=贷方发生额

D.期初余额本期增加额-本期减少额=期末余额

9.债权是企业收取款项的权利，一般包括 (　　)

A.预付款项　　B.预收款项　　C.应交款项　　D.应收款项

10.下列费用应计入存货采购成本的是 (　　)

A.装卸费　　　　B.保险费

C.入库前的整理挑选费　　　　D.采购机构的经费

11.某企业生产产品领用材料8 000元，车间一般消耗领用2 000元，应记入下列(　)账户的借方。

A.“原材料”　　　　B.“库存商品”

C.“生产成本”　　　　D.“制造费用”

12.更正错账的方法包括 (　　)

A.红字更正法　　　　B.补充登记法

C.逐项更正法　　　　D.画线更正法

13.各种账务处理程序的相同之处是 (　　)

A.根据原始凭证编制汇总原始凭证

B.根据原始凭证及记账凭证登记明细分类账

C.根据收、付款凭证登记现金日记账

D.根据总账和明细账编制会计报表

14. 财产清查的目的是 ( )

A. 确定单位财产物资的实存数和债权、债务的实际余额

B. 查明财产物资的实存数与账面数的差异及其产生的原因

C. 调整账目，达到账实相符

D. 不断发现和解决会计核算和会计管理方面的问题

15. 以下各项中，属于原始凭证所必须具备的基本内容有 ( )

A. 凭证名称、填制日期和编号　B. 经济业务内容摘要

C. 对应的记账凭证号数　D. 填制、经办人员的签字、盖章

16. 银行存款的清查应根据（ ）进行核对。

A. 银行存款余额调节表　B. 银行存款总分类账

C. 银行存款日记账　D. 银行对账单

17. 会计报表的使用者包括 ( )

A. 债权人　B. 企业内部管理层

C. 投资者　D. 国家有关政府部门

18. 会计期间可以分为 ( )

A. 月度　B. 季度　C. 半年度　D. 年度

19. 下列各项中，属于财务成果的计算和处理内容的有 ( )

A. 利润分配　B. 利润的计算

C. 亏损弥补　D. 所得税的计算和交纳

20. 利润表中，分步计算的利润指标有 ( )

A. 营业利润　B. 主营业务利润

C. 利润总额　D. 净利润

三、判断题（每题1分，共20分）

1. 当年形成的会计档案，在会计年度终了后，可暂由本单位会计机构保管5年。( )

2. 银行存款日记账账面余额与银行对账单的余额核对是账账核对。 ( )

3. 在科目汇总表账务处理程序方式下，其记账凭证、账簿的设置与记账凭证账务处理程序是不相同的。 ( )

4. 盘点实物时，发现其账面数大于实存数，即为盘盈。 ( )

5. 本单位档案机构为方便保管会计档案，可以根据需要对其拆封重新整理。 ( )

6. 各单位保存的会计档案不得借出。如有特殊需要，经本单位负责人批准，可以提供查阅或者复制，并办理登记手续。 ( )

7. 领料单、差旅费报销单、折旧计算表、工资费用分配表既是自制原始凭证，也是专用凭证。 ( )

8. 复式记账法是以资产与权益平衡关系作为记账基础，对于每一笔经济业务，都要在两个或两个以上相互联系的账户中进行登记，系统地反映资金运动变化结果的一种记账方法。 ( )

9.负债类账户登记借方金额，表示该账户金额的增加；登记贷方金额，表示该账户金额的减少。（ ）

10.总分类账户本期发生额与其所属明细分类账户本期发生额合计相等。（ ）

11.企业销售不动产取得的收入，应通过“主营业务收入”账户核算。（ ）

12.企业代购货单位垫付包装费、运杂费时，应借记“其他应收款”账户。（ ）

13.存货盘盈一般是由于收发计量或核算上的差错所造成的，故应相应地冲减营业外支出。（ ）

14.企业从外单位取得的原始凭证遗失且无法取得证明的，应由当事人写明详细情况，由会计机构负责人、会计主管人员和单位负责人批准后，方可代作原始凭证。（ ）

15.企业的现金清查小组应当在出纳人员不在场的情况下对企业库存现金进行定期或不定期清查。（ ）

16.“银行存款余额调节表”编制完成后，可以作为调整企业银行存款余额的原始凭证。（ ）

17.向异地的某公司销售商品，货款15 000元，增值税2 400元，为其代垫运杂费650元，企业借记“应收账款”账户的金额应为17 400元。（ ）

18.“应付账款”账户的贷方登记企业购买材料物资、接受劳务形成的应付款和应付的租金、存入保证金。（ ）

19.总分类账户是根据总分类科目设置的，用以对会计要素具体内容进行总括分类。（ ）

20.企业会计应当以权责发生制作为核算基础。（ ）

四、综合分析题（共10分）

长虹公司9月30日银行存款日记账余额为98 500元，银行对账单余额为76 600元，9月底公司与银行往来的其余资料如下：

（1）9月30日收到购货方转账支票一张，金额为12 600元，已经送存银行，但银行未入账。

（2）本公司当月的水电费800元银行已代为支付，但公司未接到通知而尚未入账。

（3）本公司当月开出的用以支付供货方货款的转账支票，银行尚有4 500元未兑现。

（4）本公司送存银行某客户转账支票35 000元，因对方存款不足而被退票，而公司未接到通知。

（5）公司委托银行代收的款项22 000元，银行已转入本公司的存款户，但公司尚未收到通知入账。

要求：完成下列长虹公司银行存款余额调节表。

银行存款余额调节表

xx年 9月30日			
项目	金额	项目	金额
企业银行存款日记账余额	98 500	银行对账单余额	76 600
加:银行已收企业未收的款项合计	(1)(　　)	加:企业已收银行未收的款项合计	(3)(　　)
减:银行已付企业未付的款项合计	800	减:企业已付银行未付的款项合计	(4)(　　)
调节后的余额	(2)(　　)	调节后的余额	(5)(　　)

五、综合题（编制会计分录，共10分）

1.收到国家投入资金400 000元，存入银行。

2.企业向某公司购入甲种材料1 000千克，每千克10元，购入乙材料1 500千克，每千克20元，增值税进项税额6 400元，对方代垫运杂费1 000元，款未付（运杂费按材料的质量比例进行分配）。

3.生产车间领用甲材料21 000元，其中，生产A产品耗用18 900元，车间一般耗用2 100元。

4.按合同规定向上月已预付货款的伟光公司发出A产品50件，每件600元，增值税销项税额4 800元，对方已预付的货款为36 000元，用银行存款支付多收的货款1 200元。

5.分配结转本月工资费用33 000元，其中生产工人工资24 000元，车间管理人员工资4 000元，企业行政管理人员工资5 000元。

参考答案

第一章　会计概述

第一节　会计的概念

一、单项选择题

1.D　2.C　3. D

二、多项选择题

1. BCD　2. BD

三、判断题

1. 对　2. 错　3. 对　4. 错

第二节　会计的职能

一、单项选择题

1. A　2.B

二、多项选择题

1. ABCD　2. ABD

三、判断题

1. 错　2. 错　3. 对　4. 对

第三节　会计对象

一、单项选择题

1.C　2.B　3. B　4. B

二、多项选择题

1. ABC　2. BCD　3.BD

三、判断题

1. 错　2. 错　3. 对

第四节　会计核算的前提、基础和方法

一、单项选择题

1. A　2. C　3.B　4.A　5.A

二、多项选择题

1. ABCD　2. ABCD　3.AB　4.ABC　5.ABC

三、判断题

1. 错　2. 对　3. 错　4. 对　5. 对

第二章　会计要素

第一节　会计要素

一、单项选择题

1. D　2. B　3.D　4.D　5.C　6.A　7.D　8.A　9.A　10.C

二、多项选择题

1. ABC　2. ABCD　3.ABC　4.BCD　5.ACD　6.ACD　7.ABC　8.BCD

三、判断题

1. 对　2. 对　3. 对　4. 对　5. 对 6. 对　7. 错　8. 错　9. 错　10. 对

第二节　会计等式

一、单项选择题

1.D　2.B　3.B　4.B　5.A

二、多项选择题

1. ABCD　2. ABCD

三、判断题

1. 对　2. 对　3. 对　4. 错　5. 对

四、业务题

表2-1

类　型	经济业务序号
1.一项资产增加,另一项资产减少	1,8
2一项负债增加,另一项负债减少	9,12
3.一项所有者权益增加,另一项所有者权益减少	3
4.一项资产增加,一负债增加	4,6
5.一项资产增加,一项所有者权益增加	5
6.一项资产减少,一项负债减少	2,7
7.一项资产减少,一项所有者权益减少	10
8.一项负债减少,一项所有者权益增加	11
9.一项负债增加,一项所有者权益减少	13

第三章　会计科目和账户

第一节　会计科目

一、单项选择题

1. A　2. D　3.D　4.B　5.B

二、多项选择题

1. CD　2. ACD　3.ACD　4.AD

三、判断题

1. 错　2. 错　3. 对　4. 对　5. 对　6. 对

四、业务题

(一)【目的】熟悉会计科目

【要求】请将左侧的会计科目与右侧其归属的会计要素类别画连接线。

1.库存现金	A.资产类
2.固定资产	A.资产类
3.短期借款	B.负债类
4.生产成本	D.成本类
5.主营业务收入	E.损益类
6.制造费用	D.成本类
7.应收账款	A.资产类
8.应付职工薪酬	B.负债类
9.盈余公积	C.所有者权益类
10.财务费用	E.损益类
11.应付账款	B.负债类
12.预收账款	B.负债类
13.未分配利润	C.所有者权益类
14.营业外支出	E.损益类
15.无形资产	A.资产类

(二)【目的】熟悉会计科目的性质。

【要求】 指出下列账户的性质

1. “累计折旧”(资产类)
2. “应付职工薪酬”(负债类)
3. “应收账款”(资产类)
4. “财务费用”(损益类)
5. “制造费用”(成本类)
6. “库存现金”(资产类)

7.“主营业务收入”（损益类）

8.“管理费用”（损益类）

9.“应交税费”（负债类）

10.“其他应收款”（资产类）

11.“所得税费用”（损益类）

12.“应付账款”（负债类）

13.“实收资本”（所有者权益类 ）

第二节　账户

一、单项选择题

1. C　2. C　3.B　4.B　5.A　6.D　7.B

二、多项选择题

1. ABCD　2. BCD　3.ABCD　4.BC　5.BC

三、判断题

1. 对　2. 对　3. 错　4. 对　5. 对

第四章　借贷记账法

一、单项选择题

1. B　2. A　3.C　4.B　5.A　6.D　7.D　8.A　9.D　10.C

二、多项选择题

1. ACD　2. BCD　3.BD　4.ABD　5.AD　6. BC　7. BC　8.AC　4.ABC

三、判断题

1. 对　2. 错　3. 错　4. 对　5. 对　6. 对　7. 错　8. 对　9. 错

四、业务题

(一)【目的】熟悉借贷记账法下的账户结构

【要求】指明下列各账户的记账方向。

1.“银行存款”增加（借方）

2.“应收账款”减少（贷方）

3.“实收资本”增加（贷方）

4.“固定资产”减少（贷方）

5.“原材料”增加（借方）

6.“生产成本”减少（贷方）

7.“主营业务收入”增加（贷方）

8.“管理费用”减少（贷方）

9.“累计折旧”增加（贷方）

10.“库存商品”减少（贷方）

11.“应交税费”增加（贷方）

12.“短期借款”减少（借方）

13.“财务费用”增加（借方）

14.“应付账款”减少（借方）

（二）【目的】熟悉借贷记账法及试算平衡

1.编制会计分录

（1）借：无形资产　　50 000

　　　贷：实收资本　　50 000

（2）借：银行存款　　20 000

　　　贷：应收账款　　20 000

（3）借：短期借款　　30 000

　　　贷：银行存款　　30 000

（4）借：固定资产　　40 000

　　　贷：银行存款　　40 000

（5）借：银行存款　　10 000

　　　贷：库存现金　　10 000

（6）借：资本公积　　20 000

　　　贷：实收资本　　20 000

2.填制试算平衡表

表4-2　总分类账户本期发生额及余额试算平衡表

序号	账户名称	期初余额		本期发生额		期末余额	
		借方	贷方	借方	贷方	借方	贷方
1	库存现金	20 000			10 000	10 000	
2	银行存款	60 000		30 000	70 000	20 000	
3	应收账款	35 000			20 000	15 000	
4	原材料	35 000				35 000	
5	库存商品	50 000				50 000	
6	固定资产	80 000		40 000		120 000	
7	无形资产	20 000		50 000		70 000	
8	应付账款		40 000				40 000
9	短期借款		50 000	30 000			20 000
10	实收资本		150 000		70 000		220 000
11	资本公积		20 000	20 000			
12	盈余公积		40 000				40 000
	合计	300 000	300 000	170 000	170 000	320 000	320 000

（三）【目的】熟悉借贷记账法

1.借：银行存款　　98 600

　贷：实收资本　　98 600

2.借：银行存款　　38 000

　贷：长期借款　　38 000

3.借：管理费用　　300

　贷：库存现金　　300

4.借：应付账款　　2 000

　贷：银行存款　　2 000

5.借：无形资产　　60 000

　贷：实收资本　　60 000

6.借：库存现金　　245 000

　贷：银行存款　　245 000

7.借：应付职工薪酬　　245 000

　贷：库存现金　　245 000

8.借：其他应收款　　4 000

　贷：库存现金　　4 000

9.借：银行存款　　1 000

　贷：库存现金　　1 000

10.借：银行存款　　30 000

　贷：应收账款　　30 000

第五章　主要经济业务的核算

第一节　筹集资金过程的核算

一、单项选择题

1. C　2. C　3.D

二、多项选择题

1. AB　2. ABC　3.CD

三、判断题

1. 错　2. 错　3. 对

四、业务题

【目的】熟悉企业筹资交易、事项的会计记录

1.借：银行存款　　150 000

　贷：实收资本　　150 000

2.借：固定资产　　65 000

无形资产　　200 000

贷：实收资本　　265 000

3.借：银行存款　　100 000

贷：短期借款　　100 000

4.借：资本公积　　200 000

贷：实收资本　　200 000

5.借：盈余公积　　50 000

贷：实收资本　　50 000

第二节　材料采购过程的核算

一、单项选择题

1.D　2. B　3.C　4.B　5.A

二、多项选择题

1. ABC　2.A BD　3.ABCD　4.ACD

三、判断题

1. 对　2. 错　3. 对　4. 错　5. 对

四、业务题

【目的】熟悉材料采购交易、事项的会计记录

1. 借：在途物资　　76 500

应交税费—应交增值税（进项税额）　　12 000

贷：应付账款　　88 500

2. 借：原材料　　76 500

贷：在途物资　　76 500

3. 借：在途物资　　36 000

应交税费—应交增值税（进项税额）　　5 760

贷：应付账款　　41 760

4. 借：应付账款　　41 760

贷：银行存款　　41 760

5.借：原材料　　36 000

贷：在途物资　　36 000

6. 借：原材料　　58 400

应交税费—应交增值税（进项税额）　　8 960

贷：应付账款　　67 360

7.借：预付账款　　15 000

贷：银行存款　　15 000

8. 借：原材料　　10 000

应交税费—应交增值税（进项税额）　　16 00

贷：预付账款　　11 600

借：银行存款　　3 400

贷：预付账款　　3 400

第三节　产品生产过程的核算

一、单项选择题

1. A　2. B　3.C　4.A　5.C　6.B　7.C　8.B　9.A　10.D　11.A　12.C

二、多项选择题

1. BC　2. ABC　3.ACD　4.ABD　5.ABCD　6. BD　7. BCD　8.BCD　9.BC

三、判断题

1. 对　2. 错　3. 错　4. 对　5. 对　6. 错　7. 错　8. 错　9. 错　10. 对

四、业务题

【目的】熟悉产品生产交易、事项的会计记录

1. 借：生产成本——A产品　　14 000

——B产品　　9 000

制造费用　　1 400

管理费用　　700

贷：原材料——甲材料　　11 700

——乙材料　　13 400

2. 借：预付账款　　7 200

贷：银行存款　　7 200

3. 借：库存现金　　80 000

贷：银行存款　　80 000

4. 借：应付职工薪酬　　80 000

贷：库存现金　　80 000

5. 借：制造费用　　800

应交税费—应交增值税（进项税额）　　128

贷：银行存款　　928

6. 借：管理费用　　550

贷：库存现金　　550

7. 借：制造费用　　400

贷：库存现金　　400

8. 借：银行存款　　200 000

贷：短期借款　　200 000

9. 借：其他应收款　　800

贷：库存现金　　800

10. 借：制造费用　　600

库存现金　　200

贷：其他应收款　　800

11.借：制造费用　　20 000

管理费用　　10 000

贷：累计折旧　　30 000

12.借：财务费用　　4 000

贷：应付利息　　4 000

13.借：生产成本——A产品　　47 880

——B产品　　29 540

制造费用　　4 560

管理费用　　9 120

贷：应付职工薪酬　　91 100

14.借：生产成本——A产品　　16 656

——B产品　　11 104

贷：制造费用　　27 760

15.借：库存商品——A产品　　78 536

——B产品　　49 644

贷：生产成本——A产品　　78 536

——B产品　　49 644

第四节　销售和利润形成过程的核算

一、单项选择题

1.B　2.D　3.B　4.B　5.A　6.D　7.C　8.A　9.A　10.B

二、多项选择题

1. ABCD　2. ABC　3.AB　4.ABD　5.ABC　6. AC　7. CD　8.ACD　9.CD　10.BCD

三、判断题

1. 错　2. 错　3. 错　4. 错　5. 对　6. 对　7. 错　8. 错　9. 错　10. 错　11. 对　12. 对　13. 对　14. 错

四、业务题

【目的】熟悉销售和利润形成交易、事项的会计记录

1.借：银行存款　　215 644

贷：主营业务收入　　185 900

应交税费—应交增值税（销项税额）　　29 744

2.借：销售费用　　2 000

贷：银行存款　　2 000

3.借：银行存款　　25 000

贷：预收账款　　25 000

4.借：预收账款　　122 960

　贷：主营业务收入　　106 000

　　　应交税费—应交增值税（销项税额）16 960

借：银行存款　　97 960

　贷：预收账款　　97 960

5.借：财务费用　　500

　贷：银行存款　　500

6.借：应收账款　　30 160

　贷：主营业务收入　　26 000

　　　应交税费—应交增值税（销项税额）　　4 160

7.借：银行存款　　30 160

　贷：应收账款　　30 160

8.借：银行存款　　62 640

　贷：其他业务收入　　54 000

　　　应交税费—应交增值税（销项税额）　　8 640

借：其他业务成本　　40 000

　贷：原材料　　40 000

9.借：销售费用　　1 000

　贷：银行存款　　1 000

10.借：主营业务成本　　226 600

　贷：库存商品　　226 600

11.借：营业外支出　　1 050

　贷：银行存款　　1 050

12.借：税金及附加　　3 299.70

　贷：应交税费—应交城市维护建设税　　2 309.79

　　　　　　—应交教育费附加　　989.91

13.借：应付账款　　5 800

　贷：营业外收入　　5 800

14.借：主营业务收入　　317 900

　　　其他业务收入　　54 000

　　　营业外收入　　5 800

　贷：本年利润　　377 700

15.借：本年利润　　299 519.70

　贷：主营业务成本　　226 600

　　　税金及附加　　3 299.70

　　　销售费用　　3 000

管理费用　21 070
财务费用　4 500
其他业务成本　40 000
营业外支出　1 050

16.借：所得税费用　19 545.08
贷：应交税费—应交所得税　19 545.08

17.借：本年利润　19 545.08
贷：所得税费用　19 545.08

第六章　成本计算

一、单项选择题

1. C　2.B　3.D　4.C　5.A　6.C　7.C　8.D　9.B

二、多项选择题

1. AB　2. BCD　3.ABCD　4.ABCD　5.ABCD　6. ABC　7. AD　8.ABCD

三、判断题

1.对　2.错　3.对　4.对　5.对　6.对　7.错　8.对　9.对　10.对　11.对

四、业务题

(一)【目的】练习制造费用的分配以及产品成本的计算

制造费用分配率=336 900÷（67 500+44 800）=3

甲产品应分配的制造费用=67 500×3=202 500（元）

乙产品应分配的制造费用=44 800×3=134 400（元）

甲产品完工产品总成本=72 550+146 000+67 500+202 500−25 000=463 550（元）

甲产品完工产品单位成本=463 550÷200=2 317.75（元/件）

乙产品完工产品总成本=84 528+44 800+134 400=263 728（元）

乙产品完工产品单位成本=263 728÷500=527.456（元/件）

会计分录：

借：库存商品——甲产品　463 550
　　　　　　——乙产品　263 728
　贷：生产成本——甲产品　463 550
　　　　　　　——乙产品　263 728

(二)

1.计算

材料采购总成本=5 000×2+600+300=10 900（元）

材料采购单位成本=10 900÷4 900=2.22（元/千克）

2.编制相关会计分录

借：原材料　　10 900

　　应交税费—应交增值税（进项税额）　　1 600

　　管理费用　　200

　贷：银行存款　　12 700

（三）根据下列交易或事项编制会计分录（需要计算的请列出计算过程）

1.运输费的分配率=3 000÷（6 000+4 000）=0.3（元/千克）

甲材料应分担的运输费=6 000×0.3=1 800（元）

乙材料应分担的运输费=4 000×0.3=1 200（元）

甲材料的购料成本=6 000×5+1 800=31 800（元）

乙材料的购料成本=4 000×3+1 200=13 200（元）

借：在途物资—甲　　31 800

　　　　　　—乙　　13 200

　　应交税费—应交增值税（进项税额）　　6 720

　贷：银行存款　　51720

2. 借：生产成本—A产品　　5 300

　　　　　　　—B产品　　1 650

　　　制造费用　　530

　　　管理费用　　660

　　贷：原材料　　8 140

3. 借：银行存款　　568 400

　　贷：主营业务收入　490 000

　　　　应交税费—应交增值税（销项税额）　　78 400

4. 借：生产成本—A产品　　6 000

　　　　　　　—B产品　　4 000

　　　制造费用　　2 000

　　　管理费用　　3 000

　　贷：应付职工薪酬　　15 000

5. 借：财务费用　　900

　　贷：应付利息　　900

6. 借：管理费用　　2 000

　　贷：银行存款　　2 000

7. 借：制造费用　　2 000

　　　管理费用　　1 000

　　贷：累计折旧　　3 000

8. 制造费用分配率=4530÷（600+400）=4.53（元/小时）

A产品应分摊的制造费用=600×4.53=2 718（元）

B产品应分摊的制造费用=400×4.53=1 812（元）

借：生产成本—A产品　　2 718

　　　　　　—B产品　　1 812

　贷：制造费用　　4 530

9. 借：库存商品—A　　1 4018

　贷：生产成本—A产品　　14 018

10. 借：主营业务成本　　344 000

　　贷：库存商品—A产品　　246 000

　　　　　　　—B产品　　98 000

第七章　填制会计凭证

第一节　会计凭证的含义和分类

一、单项选择题

1. A　2.A

二、判断题

1.对　2.对

第二节　原始凭证的填制与审核

一、单项选择题

1.D　2.C　3.B

二、多项选择题

1.ABC　2.ABD　3.ABC

三、判断题

1.对　2.错　3.错

第三节　记账凭证的填制与审核

一、单项选择题

1.B　2.C　3.D　4.C　5.A　6.C　7.B

二、多项选择题

1.ABC　2.ABCD　3.BC　4.ABC　5.ABCD　6.BC　7.AB
8.ABCD

三、判断题

1.错　2.错　3.对　4.错　5.错　6.对

第八章　登记账簿

第一节　登记账簿的含义和种类

一、单项选择题

1.D 2. B　3.D　4.A　5.A　6.B　7.A

二、多项选择题

1.ABC　2.ABD　3.AC　4.ACD　5.BC

第二节　登记账簿的规则

一、单项选择题

1.C　2.D

二、多项选择题

ABD

三、判断题

1.错　2.错　3.错　4.对

第三节　登记账簿的方法

一、单项选择题

1.D　2.A　3.C　4.D

二、多项选择题

1.ABCD　2.ABC　3.AC　4.ABD

二、判断题

1.错　2.错　3.对

第四节　对账和结账

一、单项选择题

1.B　2.C　3.D　4.B　5.A　6.B　7.B

二、多项选择题

1.ABD　2.ABCD　3.BCD　4.ABC　5.ABC　6.ABC　7.ACD

三、判断题

1.错　2.对　3.对　4.错

第九章　财产清查

第一节　财产清查的含义和种类

一、单项选择题

1.C　2.D　3.A　4.C

二、多项选择题

1.AD　2.BCDE　3.ABD　4.ABCD

三、判断题

1.对 2.对 3.错

第二节　财产清查的方法

一、单项选择题

1.C　2.B　3.D　4.A　5.B　6.A　7.C　8.D　9.C

二、多项选择题

1.BC　2.AD　3.ABCD

三、判断题

1.错　2.对　3.错　4.错

第三节　财产清查差异的处理

一、单项选择题

1.B　2.A　3.A　4.D　5.C　6.C　7.B　8.A　9.C　10.C　11.A

二、多项选择题

1.AD　2.BCD　3.BC　4.AB　5.AD　6.ABCD　7.ABD　8.AB

三、判断题

1.错　2.错　3.错　4.对　5.对

四、业务题

银行存款余额调节表

xx年11月30日　　单位:元

项 目	金 额	项 目	金 额
银行存款日记账余额	128 600	银行对账单余额	141 420
加:银行已记增加,企业未记增加的账项	14 040	加:企业已记增加,银行未记增加的账项	9 360
减:银行已记减少,企业未记减少的账项	3 560	减:企业已记减少,银行未记减少的账项	11 700
调节以后的存款余额	139 080	调节以后的存款余额	139 080

第十章　编制财务会计报告

第一节　编制财务会计报告的意义

一、单项选择题

1.D　2.B　3.B　4.C

二、多项选择题

1.ABC　2.AB　3.ADC

三、判断题

1.错　2.错　3.对

第二节　会计报表的结构和内容

一、单项选择题

1.C　2.A　3.D　4.C

二、多项选择题

1.BC　2.ABC　3.BCD　4.BCD

三、判断题

1.对 2.错　3.对

第三节　会计报表的编制

一、单项选择题

1.C　2.C　3.D

二、多项选择题

1.CDE　2.ABCD　3.ABCD　4.ADC　5.BCD

三、判断题

第十一章　账务处理程序

第一节　账务处理的基本程序

一、单项选择题

1.C　2.B　3.C　4.D

二、多项选择题

1.AC　2.AB　3.ACD

第二节　三种账务处理程序的工作步骤及适用范围

一、单项选择题

1.A　2.D　3.D

二、多项选择题

1.AD　2.CD　3.ABCD

模拟试卷(一)

一、单项选择题

1. A　2.B　3.C　4.C　5.C　6.B　7.C　8.B　9.B　10.B

11. B　12.B　13.B　14.C　15.C　16.A　17.D　18.C　19.C　20.A

二、多项选择题

1. BC　2. ABCD　3.BCD　4.BD　5.ABC　6. AB　7. ABCD　8.CD

9.CD　10. ACD　11. ABCD　12. AB　13.ACD　14.ABCD　15.ABC

16. ABC　17. CD　18.ABC　19. ABCD　20.ABC

三、判断题

1. 错　2. 对　3. 对　4. 错　5. 对　6. 错　7. 对　8. 对　9. 对　10. 对　11. 错　12. 对　13. 对　14. 对　15. 错　16. 错 17. 错　18. 错　19. 错　20. 对

四、综合分析题

银行存款余额调节表

项目	金额	项目	金额
企业银行存款日记账余额	70 000	银行对账单余额	73 150
加:银行已收企业未收的款项合计	12 000	加:企业已收银行未收的款项合计	(3)(5 850)
减:银行已付企业未付的款项合计	(1)(5 000)	减:企业已付银行未付的款项合计	(4)(2 000)
调节后余额	(2)(77 000)	调节后余额	(5)(77 000)

五、业务题

1.借：原材料 10000

应交税费—应交增值税（进项税额） 1 600

贷：银行存款 6 000

应付账款 5 600

2.借：银行存款 160 000

贷：短期借款 160 000

3. 借：制造费用 14 500

管理费用 5 500

贷：累计折旧 20 000

4.借：生产成本 7 400

贷：制造费用 7 400

5.借：库存商品 86 000

贷：生产成本 86 000

模拟试卷(二)

一、单项选择题

1. D 2.B 3.A 4.B 5.A 6.C 7.D 8.D 9.A 10.D 11. B 12.D 13.D 14.B 15.A 16.A 17.A 18.B 19.B

二、多项选择题

1. ABD 2. ABC 3.AC 4.BCD 5.ABCD 6. ACD 7. ABD 8.AB
9.AD 10. ABC 11. CD 12. ABD 13.ABCD 14.ABCD 15.ABD
16.CD 17. ABCD 18.ABCD 19.ABCD 20. ACD

三、判断题

1.错　2.错　3.错　4.错　5.错　6.对　7.对　8.对　9.错　10.对　11.错　12.错　13.错　14.对　15.错　16.错 17.错　18.错　19.对　20.对

四、综合分析题

银行存款余额调节表

项目	金额	项目	金额
企业银行存款日记账余额	98 500	银行对账单余额	76 600
加:银行已收企业未收的款项合计	(1)(22 000)	加:企业已收银行未收的款项合计	(3)(47 600)
减:银行已付企业未付的款项合计	800	减:企业已付银行未付的款项合计	(4)(4 500)
调节后余额	(2)(119 700)	调节后余额	(5)(119 700)

五、业务题

1.借：银行存款　400 000
　贷：实收资本　400 000

2.借：原材料—甲　10 400
　　　　　—乙　30 600
　　应交税费—应交增值税（进项税额）6 400
　贷：应付账款　47 400

3.借：生产成本—A　18 900
　　制造费用　2 100
　贷：原材料—甲材料　21 000

4.借：预收账款　34 800
　贷：主营业务收入　30 000
　　应交税费—应交增值税（销项税额）4 800
借：预收账款　1 200
　贷：银行存款　1 200

5.借：生产成本　24 000
　　制造费用　4 000
　　管理费用　5 000
　贷：应付职工薪酬　33 000